日本人が見た'30年代のアフガン

尾崎三雄

文・写真

石風社

日本人が見た'30年代のアフガン　目次

一九三〇年代のアフガニスタン

写真　尾崎三雄

麦打ちをする出稼ぎの遊牧民たち
Nomads, seasonal workers, are flailing wheat.

農夫の家族

A farmer's family

農具を傍らに、小麦の収穫を終えて

A farmer stands by farm tools after the wheat harvest.

小麦の藁にお

Mows of wheat straw

穀物一時保管の藁屋

A straw hut for temporary grain storage

堆肥もしくは茎を飼料に挽く

A cow is grinding compost or stalks to make fodder.

荒れ地を耕す農夫

A farmer is ploughing barren land.

大地主のカラ（砦）とその外れのメロン畑

A melon field at the edge of a landowner's fort

種を播く農夫たち

Sowing farmers

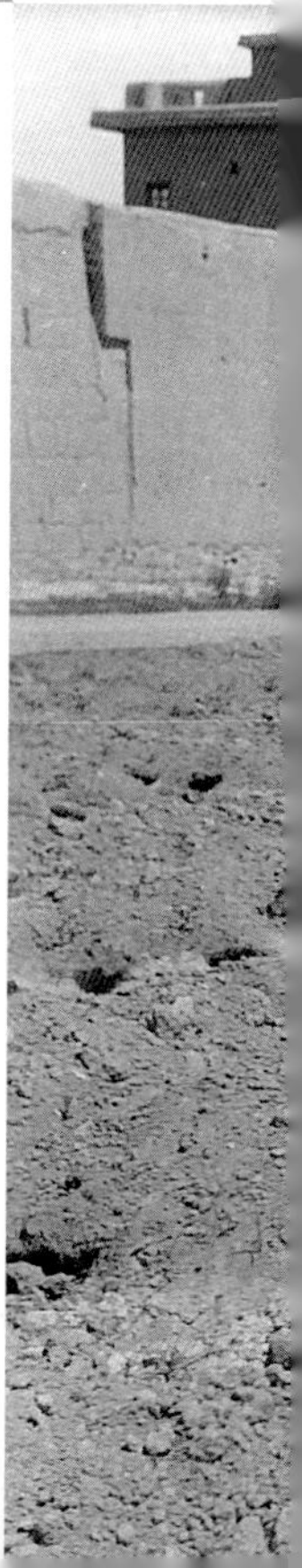

農薬（？）を散布する男

A man is spraying pesticides (?)

陶器を焼く窯

A pottery kiln

桑樹林の中に貯蔵された人参
Stored carrots in a mulberry forest

牛糞馬糞も貴重な焚物

Cow cakes and horse dung are also valuable fuel.

薪集め

Collecting firewood

村の午《ひる》どき

Lunch time in a village

堆肥を運ぶ驢馬と農夫

Farmers and donkeys are carrying farmyard compost.

大型のキシミシ（乾ブドウ）の乾燥小屋
A large drying shed for raisins

ブドウ栽培園

Grapevine breeding field

ブドウ樹の手入れ

Taking care of grapevine

ブドウの山を前に。仲買人ジョラダール

Middlemen in front of vineyard

ブドウ棚

Grapevine trellis

大地に乾果を干す

Drying fruits on the earth

果樹園に働く農夫たち

Farmers working in an orchard

村に引き込んだジューイ（灌漑水路）の水辺に遊ぶ子供たち

Playing children at the waterside of *juy* (an irrigation canal) drawn in a village.

泥壁の民家集落

Mud-wall houses

家族

A family

カーブル近郊の少年たち

Young boys in the suburbs of Kabul

幼子を抱く少年
A boy with a baby in his arms

子供のもめ事（？）

A quarrel (?) among boys

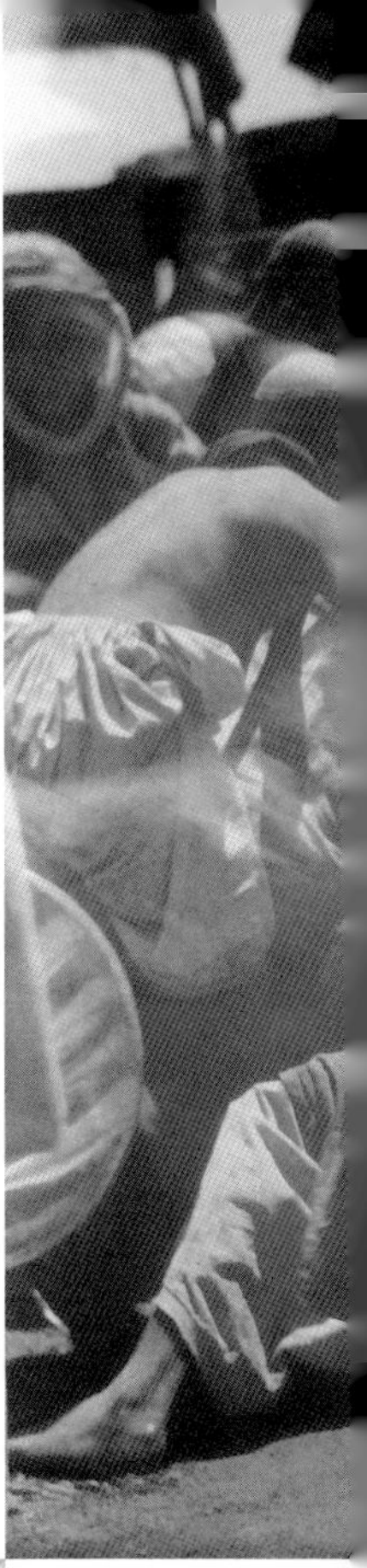

クチィ（遊牧民）の子供

Kuchi (nomad) children

村の女の子

A village girl

手造りの操り人形

Handmade puppets

キリム（長尺の木綿粗製敷物）織り
Weaving *kilim* (a long cotton drugget)

幼い羊たちとその買い手たち

Lambs and buyers

クチィ（遊牧民）の男女
Kuchi (nomad) man and women

羊の群とクチィ（遊牧民）

A flock of sheep and *Kuchis* (nomads)

農業の季節労働提供と、荷物や羊などの運搬を請け負うクチィ（遊牧民）の仮集落

Makeshift camp of *Kuchis* (nomads), who work as seasonal agricultural labourers and porters to carry baggage and sheep.

仮の天幕で篩《ふるい》を造るクチィ（遊牧民）の家族

A *Kuchi* family is making sieves at their makeshift tent.

滅びゆく大キャラバン・サライとラクダに揺られる旅人たち

A great caravansary on the edge of ruin and travellers on camelbacks

客待ちのガリ（馬車）。カンダハル郊外

A horse-drawn cart waiting passengers in the suburbs of Kandahar

バザールの果物屋
A fruit shop in a bazaar

チャイハナ(茶館)の軒先で、サモワール(湯沸器)を前に佇む男

A man sits by samovar (a tea urn) at the doorstep of a tea house.

八百屋の老人

Old men in a greengrocery

カーブル郊外の茶店

A tea shop in the outskirts of Kabul

ハルブザァ（アフガニスタンのメロン）
の市場
A *kharbuzeh* (Afghan melons) market

杏、葡萄の砂糖煮を商う男

A man selling apricots and grapes' compote

帽子に飾りをつける裁縫屋

A needle worker sewing motifs on caps

レストランの竈

A kitchen range in a restaurant

炭火を焚く道具

Charcoal braziers

水差しと椀
Water jugs and cups

ナン（アフガニスタンのパン）とチャイナック（ポット）

Some pieces of *Nan* (Afghan bread) and tea pots

野菜籠を前に佇む老人
An old man with a vegetable basket

カーブル川河畔、野菜売りの男たち
Vegetable peddlers on the bank of the River Kabul

カーブル旧市外をシェールダルワザ（獅子門）山より眺める

A view of Old City of Kabul from Sherdarwaza (lion gate) mountain

アフガンの男たち
Afghan men

巡査の兄弟

A police officer and his brother

カラクル（アストラカン帽）を被る親子

A father and son wearing astrakhan caps

旅客貨物発着ターミナルと集荷場

A passengers and cargo terminal and a cargo pickup point

ターミナルに集う人々

People gathered at a terminal

カーブル郊外、イスタリフ外れの野外
チャイハナ（茶館）にて憩う男たち

Men are resting at an outdoor tea shop in the
edge of Istalif in the suburbs of Kabul

カーブル北方の宿場町、サライ・ホジャ

Serai Hoja, a post town in the north of Kabul

カーブルに薪を運ぶラクダの列
A line of camels carrying firewood to Kabul

地ならしをする象
An elephant is levelling the ground.

材木を運ぶ牛車

Oxcarts carrying timber

独立記念祭の式典でパシュトゥンの踊りを披露する男たち

Men are performing Pashtun dance in the ceremony of the Independence Day.

独立記念祭の賑わいに集う群衆。写真奥は陸軍士官学校

A crowd gathered for the ceremony of the Independence Day. A military academy sits on a small hill.

独立記念祭の観兵式。槍騎兵の行進

A military review in the ceremony of the Independence Day. Lancers parade

国王旗

The King's flag

独立記念日のブズカシ（子牛の胴体を奪い合うアフガニスタン北部の競技）。カーブル市

Buzkashi (a Northern Afghan sport to get control of a headless calf carcass) on the Independence Day in Kabul City

カーブル市内バラヒサール（城砦）遠景

A distant view of Bala Hisar Fort in Kabul City

カーブル市内のバラヒサール（城砦）

Bala Hisar Fort in Kabul City

モスク（イスラム寺院）
A mosque (an Islamic shrine)

ムガール王朝始祖、バーバー（バーブル、
Baber）帝の陵墓。カーブル市

A mausoleum of King Baber, founder of the
Mughal Dynasty, in Kabul City

マスジッド（霊廟）

A *masjid* (a mausoleum)

ハビブラハン王の陵墓。ジャララバッド市

A mausoleum of King Habibllah Khan in Jalalabad City

カーブル-ハイバル峠間の哨所
A sentry post between Kabul and the Khyber Pass

沙漠の中の桑樹に隣する聖廟と畜産試験場。カーブル郊外アリーアバード

A *mazar* and a livestock experimental station near a mulberry forest in desert. Khayrabad, in the western suburbs of Kabul.

ギリシク城市

The ruins of Gereshk

アフガニスタン三大河の一つ、ヘルマンド河の船橋

A pontoon bridge across the River Helmand, one of the three great rivers in Afghanistan

バーミヤーン東大仏（38m）
The East Great Buddha in Bamian (38m)

カーブル郊外の雪景色

A snowscape in the suburbs of Kabul

街道の冬景色

A wintry scene along a boulevard

カーブル郊外、春目前のイスタリフ村とパグマンの山々

Spring is just around the corner in Istalif Village and the Pagman range in the suburbs of Kabul.

カーブル北方、パンシェール渓谷からの
流れとグル・バハールの大桑樹林、左奥は
チャリカールの町

A stream runs from the Panjsher Valley and a large mulberry forest in Golbahar in the north of Kabul. Charikar Town at the upper left

カーブル北方、チャリカール近郊の路傍
に咲く薔薇

Roses on roadsides in the outskirts of Charikar
in the north of Kabul

カーブル近郊、サライ・ホジャ近くの街道の桑並木

Mulberry trees along a boulevard near Serai Hoja in the suburbs of Kabul

アフガニスタンにて

書簡・日誌

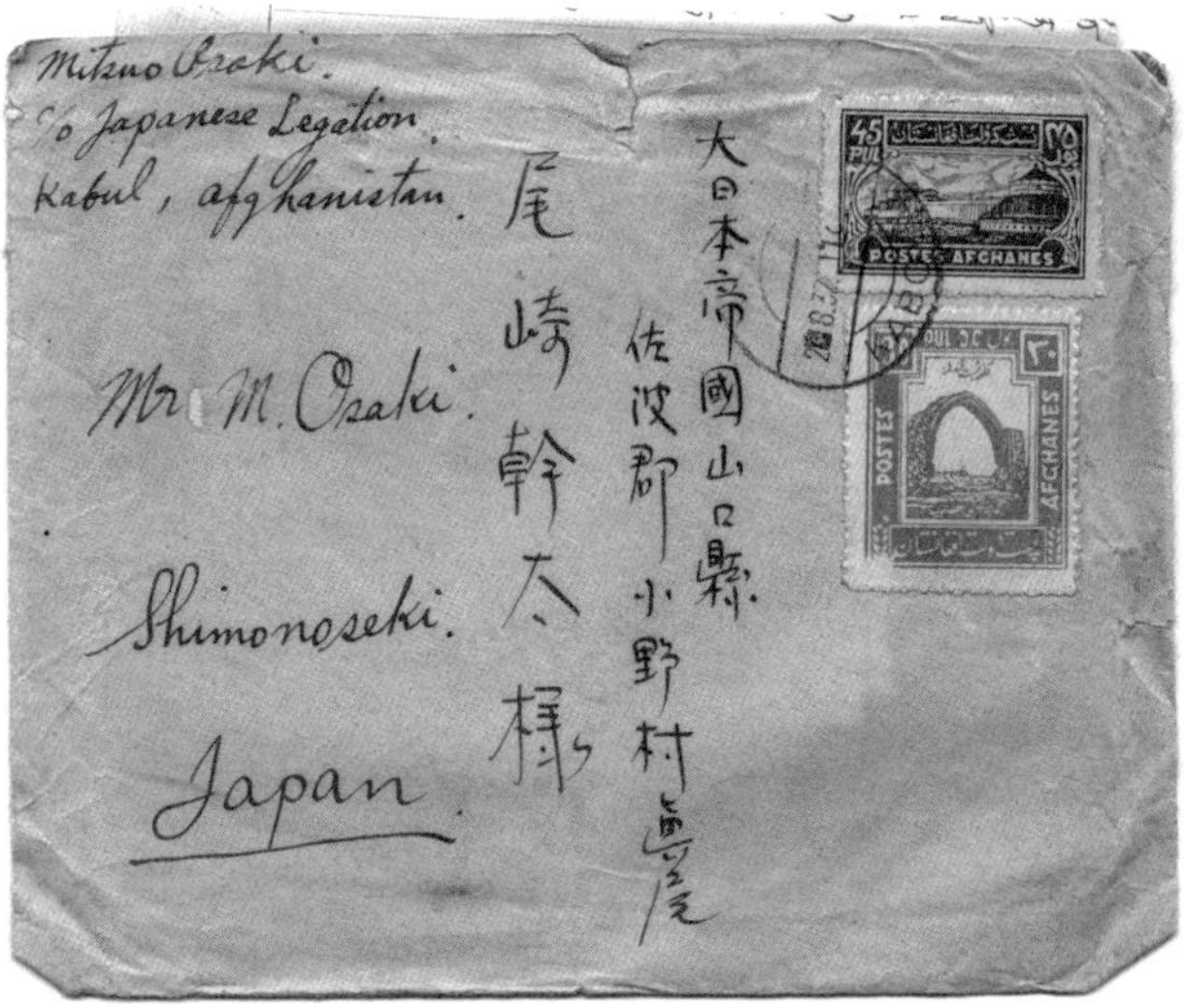

凡例

一、本書は、①故尾崎三雄氏がアフガニスタンで撮影した写真、②尾崎三雄・鈴子夫妻が、日本の親族に向けて送った手紙、③尾崎三雄氏の残したノート十数冊の内、「ゼラランバッド紀行（ジャラランバッド紀行）」「カンダハル紀行」をもとに構成した。

一、原本の中で、時候の挨拶や、専門的な農業調査の記録部分等、一部編集部の判断で割愛し、「（略）」の語を挿入した。

一、本文の表記について、原本の記述に従うことを原則としたが、左記のような整理を行った。

・歴史的仮名遣いについてはそのままとしたが、一部片仮名表記の固有名詞（果樹の名称、地名など）については訂正または統一を行なった。

・漢字は人名などの一部を除き、常用漢字で置き換えられるものは新字体とした。

・代名詞、副詞、接続詞など一部をひらがなに改めた。

・明かな誤字、脱字等に関しては訂正を加えた。宛字や書き癖については一部訂正を加えた。

・句読点、カギなどを編集部で補い、改行を加えた箇所もある。

・読者の利便を考慮し、地名・人名など現地ペルシャ文字で綴られたものは判読可能な範囲でカタカナ表記に改めた。不明なものについては□で表記した。

・特に解説を要するものや難読箇所にはルビを加え、あるいは〔〕内に編註を付した。

カプール便り

（一九三五年九月二十日〜一九三八年十月十四日）

尾崎三雄・鈴子

◉一九三五年（昭和十年）

九月二十日

拝啓
貴下益々御勇健の段奉賀候　陳者小生今般果樹蔬菜の栽培病害虫防除等農業に依つて亜細亜の友邦「アフガニスタン」国と手を結ぶべく約三ヶ年の予定を以て同国に赴任せしめらるることと相成十月三日門司より出帆の予定に有之候就而同国は既に御承知の通日本より約四十日の遠隔地なるのみならず職務遂行上にも多大の困難を伴ふものと被存候へば何彼と失礼の点不尠と存候も不悪御海容の上一入の御鞭達相賜度奉懇願候（略）

敬具

尾崎三雄

十月四日　門司—長崎（丹後丸船中から）

皆々様

昨日は御遠方まで有難ふ御座いました。海上は大変静かで御座いました。

おぢい様御疲れでも出ませんでしたでしようか。

又皆々様に大変御心配をお掛け致しましたが力抜なさらぬ様にお祈り致します。

次は上海から。

三雄

＊　＊　＊

御なつかしき皆様色々と御心配をおかけ致しました。わざ〳〵門司迄お出かけ下さいましてお送りして戴きほんとうにうれしく御座いました。昨日は船中はとてもよく休まれました。海も静かでほんとうに楽に面白く暮しました。四日の早朝長崎に着きまして五時に船が出ますので町を見物するつもりで御座います。ちつとも気持なんかわるく成りません。食事の時が待遠い様で御座います。では又お便り致します。どうかお丈夫に遊ばして下さいませ。さようなら。

鈴子

十月六日　上海

皆々様

長崎カラ少シノ波モナク、今朝上海ニ着キマシタ。

揚子江ノ水ノ汚イノニモ呆レマス。マダ日本ヲ離レタ気持ハ致シマセン。

今カラ町ノ見物ニ参リマス。

三雄

＊　＊　＊

御なつかしき皆様お元気の事と存じます。私共も無事に旅をつづけております。門司を出てからお天気はよくて海上はほんとうに静かで御座いました。

四日に長崎を出てからは何も見るものはなく淋しく思ひました。食事も洋食にはあき〳〵致しました。一等のお客が一、二人かおられますが皆様お茶漬が食べたいと申しておられます。昨夕食は松茸の御飯が出て漬物とうれしく御座いました。今からお米が恋しくては先が案じられます。

今日六日はいよ〳〵外国へまゐりました。早朝から海の水が赤く成つて来まして揚子江へ入りましたら日本の川の大水の時の様で御座います。景色は日本とちつともかわりません。これから町へ上つて見物致します。（略）では又次にお知らせ致しませう。どうか丈夫に暮しております

丹後丸の絵葉書

からお安心下さいませ。

さようなら。

鈴子

十月十日　上海—香港

皆様お変り御座いませんか。おぢい様にお障りがなかつたならばよいがと念じて居ります。

上海は個性のない、又それが一つの特徴の町です。各国人種がそれこそ雑然と住つて居ります。巡査の多いこと、町々に人の溢れて居ること、動作のにぶいことが眼につきます。

市政府（市役所）の建物はすばらしく立派で御座います。上海事変の弾痕、崩壊家屋が随処に見られ当時の惨状が思ひやられます。電車に一等と三等があり乗合自動車に二階があります。

上海には日本人がどこにも居りまだ日本を離れ

た感じは致しません。

いまから香港に上陸で御座います。どうぞ御大切に。

さよなら。

三雄

＊　＊　＊

（略）去る六日に上海に上りました。午前十一時頃着きました。三井物産の方が迎へて下さいました。初めて外国にまゐりましたが日本人が三まんも居りますし案内をして下さいましたので東京に居るのとちがひませんでした。丁度日本人小学校の運動会が御座いましてそれを見せて戴きなつかしく御座いました。なんだかのんびりした国で御座います。どこを見ましても山なんか見えません。

揚子江の大きいのには川と云ふ感じが出ません。水は赤くてとても日本ではみる事は出来ません。町は、はでで御座いますが人間はなんだかごみ〳〵して居てラヂヲでよく支那の音楽をやります。あのやかましい音がどこへ行きましてもきこえてまゐります。

七日上海を出帆しまして三日三夜海の旅で何んにもみる物はなし。少し雨が降りました。食堂へも二度ばかり出ませんでしたが身体はとても丈夫で御座います。食事の度にメニューが読めなくてほんとうにこまります。

今日後二、三時間後にはホンコンに着きます。船もいよ〳〵あきてまいりました。今からそんな事では先でどうするかなど皆様から笑はれます。やつぱり日本の田舎で漬物にお茶漬の生活が一番私にはあひます。此れから又三井の方のご案内で町へ出ます。では今日はこれにて失礼致します。

皆様お丈夫に。さようなら。

次は十一日に出て十七日にシンガポールに着きますがあつい事で御座いませう。

鈴子

十月十七日　香港―シンガポール

（略）去る十日にホンコンに上りましたが暑いのにはこまりました。船のうごいて居る間はまだよろしく御座いますがホンコンでは松原といふ日本人の旅屋の方が町を見せて下さいました。上海にくらべて町が奇れいで御座いまして町は皆山の中にあります。何んでも岩から出来て居て前にははげ山であつたそうですが日本から松を持つて来て植えたそうです。それが一面に茂つております。其の間に熱帯の植物が生えております。バナナも大分出来ておりました。日本人も大分おります。千五百人位だそうです。

やはり三井物産の方のお世話になりまして夜は活動へまゐりました。英国の領地ですから町にはイン度人のおまはりさんが大ぜい立つておりまして日本の浅草よりか安心して歩く事が出来ます。何もかもが変つておりまして何を書いたらよろしいかわかりません。

十一日にホンコンを出まして海はとても静かで御座います。毎日〳〵暑く成つてまゐります。今日で五日海の上の生活をしております。暑いですけど毎日二回位スコールと申しまして夕立がまゐりますのでいくらかよろしく御座います。海がしづかですから予定より早く明十六日にはシンガポールへ着くとか云ふ事で御座います。今から暑さが思ひやられます。日本を大分はなれてまゐりましたが船の中は皆日本人ですからそんな気は致しません。十六日朝は大分島が見えてまゐりました。

では又次に致しませう。さようなら。

鈴子

＊　　＊　　＊

皆様愈々御達者の事と存じます。私共の事が毎日皆様の頭から離れ難いことと存じます。しかしどうぞ御放念下さいませ。洵に恙なく毎食事も欠さず旅を続けて居ります。

もうシンガポールの近くの山々が見えて参りました。

単調な海の旅も仕事がなか〳〵あります。日に夜を継いでも尚足らぬで御座います。

又シンガポールから。

三雄

十月二十三日　　シンガポール―ペナン―コロンボ―ボンベイ

（略）去る十七日にシンガポールに上陸致しました。暑い事といふたらほんとうに暑ふ御座いました。

丁度ヨーロッパ行の船で日本に帰る照国丸と一緒に着きまして其のお客様と一緒に見物致しました。植物園へまゐりましたが熱帯の物はほんとにきれいで御座います。今まで見た所では此処が一番きれいだと思ひました。野生のサルが公園の森の中なんかにはたく山おります。人間は世界中で一番黒いそうで御座いますジョホール国へまゐりました。其の途中熱帯植物が茂つてゴム園等方々に御座います。道が又とてもよく出来て居りまして自動車で通ると面白くめづらしく御座います。

ジョホール国は又きれいな事日本では見る事は出来ません。王宮の四方を見ました。日本の様に奥ゆかしくは御座いません。だれでも家のそば迄行けます。お墓でも下駄をぬぎさへすれば石のまはりを歩けます。どこを見ても赤いおはなが一ぱい咲いて一年中咲くそうで御座います。オトギばなしの様で御座います。

めづらしい事は一ぱいありますけど次はペナンに致しませう。十四日出帆して二十日に着きました。蛇寺と云ふのへまゐりました。青い蛇が至る処におります。仏様の上だとか下には居りませんが高いところにはいつぱいおります。でもおとなしくしております。

それから途中で水田をみました。丁度植へてゐる盛りで御座いました。こやしなんか何もやらないで一年に何回でも作るそうです。此処は又ヤシの多いところで一面茂つております。食べるのではなくて油を取るそうです。方々に実が山の様においてあります。極楽寺へおまゐり致しました。

建物が支那式ですから色が使ふてあり、はでで御座います。土地が十分ありますので広々として名の様な処です。其の日の十二時半に出帆してコロンボへ今日中二十五日に着きます。ベンガル湾へ入りまして海が大分あれてまゐりました。頭がボウッとした様でいやな気持で御座います。

寒い様で御座います。今朝は雨でガスが懸りまして一寸の先もよく見えません。船は汽てきをならしております。もう後五日でボンベイに上陸致します。此の手紙がお手にとどきます頃はカブールに着いておりませう。（略）

ではは皆様お体お大切に。さようなら。

鈴子

＊　＊　＊

（略）内地は既に錦秋の候（否此の手紙が着く頃にはもう初冬の候かも知れません）と存じます。時折ウネリには会ひますがシケには会はず穏かな旅を続けて居ります。

シンガポールは上海、香港に較べれば非常に美しい町で御座います。結局支那人が汚いのですから支那人の少い処程奇麗だと云ふことが出来ると存じます。島中美しい道が走つて居りまして其の左右にゴム園だのパインアップル園だのが見られます。シンガポールの港から十七哩位参りますと島の反対側に着きます。ここから海を渡りますと馬来《マレー》半島の突先ジョホール王国に着きます。美しいお伽の国の様です。

でも王国と云ふは名のみで一切の税収入は英国が収め王様には年金を与へるのみで御座います。そして政治、行政権すべて英国が持つて居ります。故に王様は毎日をどうして遊ぼうかと考へる丈だそうで御座います。

十七日にシンガポールを出て二十日にペナンに着きました。ペナンも島にある小さい見るものも物産もない町です。ボンベイまで上海を除いてはすべて船の寄る処は島ばかりで御座います。如何に英国の政策が巧妙であるかが窺れます。今船はコロンボに入らんとして居ります。

どうぞ皆様御大切に。さよなら。

三雄

十一月二日　ボンベイ

(略) 三十日に無事孟買《ボンベイ》に上陸致しました。ほんとうに楽しい船路で御座いました。船が着きますと日本領事館の方と三井物産の方がお出迎へ下さいました。そして領事のお宅で泊めて貰ひ御厄介になつて居ります。又荷物の方は山口県人の方で孟買で唯一の日本旅館を経営して居られる方が一切合切御面倒を見て下さいまして万事好都合で御座います。孟買に着いて見ますと丁度アフガンの日本公使館に居られた方が居られましたので色々お話を聞いて更に不足品を整へました。愈々今夜（十一月二日）九時半フロンテーアメールと云ふ国境行の汽車でアフガンに向ひます。四日の午後五時に国境ペシャワルに着きます。ペシャワル迄は日本公使館の自動車が館員の方を乗せて迎へに来て下さることになつて居ります。入国は六日か七日になると思ひます。今朝はすつかり出発の準備も出来まして汽車の中で食べる食物を少し買込む丈となつて居ります。では御体御大切に。こんどはカブールから御手紙致します。

孟買領事邸にて　三雄

（追伸）孟買は今が一番凌ぎ良いときだそうで御座います。割合に暑いとも思ひません。ボンベイも島の街で御座います。別に見物する処もありません。住民は全く色とりどりです。しかし皆大変気持のよい人ばかりで御座います。

十一月十七日　ボンベイ―ペシャワル―カブール

(略) アフガニスタンからの第一信をお送り致します。住んで見ればまた住むべき途も御座います。到着早々仕事を仰付つて毎日〳〵忙しい日を送り御手紙差し上げる暇も御座いませんでした。仕事は予定通り果樹蔬菜の栽培と改良、病害虫防除で御座います。

生活様式や国の様子等は鈴子から詳しく申し上げますことと存じます。新聞有難ふ御座います。懐しく拝読して居ります。又十八日附のお手紙も十一月十六日に拝見致しました。日本人の方も皆良い方ばかりです。只夜は冷く感じますが日中は暖く健康には大変によいと存じます。体丈は丈夫で御座いますから御安心下さいませ。各種の批評は到着したばかりですから申し上げぬことに致します。では今日は此れにて。どうか呉々も御体御大切に。皆様の御健康なお姿を見られる日を楽しみにして働きます。

さよなら。(略)　三雄

＊　＊　＊

御なつかしき皆様お達者のお事と存じます。今日十一月十六日、日本を十月十八日にお出しに成りました第一の手紙がまゐりました。新聞は去る十三日にまゐりました。東京の鈴木様からは一週間に一度づゝ朝日グラフを送つて下さいます。日本からの便りが一番待遠く御座います。

私共は十一月二日にボンベイを発しまして四日の午後七時頃ペシャワルに着きました。ボンベイはほんとうに暑ふ御座いましたが汽車にのりますとずつと涼しく成りましてセルに着がへました。まる二日の汽車ではホコリの多いのにはこまつてしまひました。日本人といへば私共二人きりなので駅に着けば皆のぞいて見ます。途中には山と云ふ山には木は少しばかりあるきりで御座います。

お父様のお手紙で皆様お変りなき様子うれしく御座います。毎日〳〵片付きませんのでお便も致しませんでした。今日初めてペンを取ります。

鶴だとかクジャク、サル等めづらしい物が一ぱい見えます。ペシャワルへ着きましたらもう寒むくて羽織を着ました。日本の菊がホテルの庭に咲いておりました。公使館から自動車で迎へに来て下さいましたのでうれしく御座いました。買物はボンベイで食料品、お米等買ふてまゐりました。

六日の午前九時半頃ペシャワルを出発しました。車にのると急に寒むくなつてまゐりました。コートを着たりまるで夏から冬へ一足にまゐりまして体がしびれて来た様に感じました。三十分位でカイバルパスへかかりました。道はとてもよろしく御座います。風は急に強く成つて来ました。山と山の間の下を見ればゾーッとする様で御座いました。至る処に英国の軍人が立つておりまして何んだか気持が悪るい様で御座いました。一時間半位で越しました。

カブール便り——1935年

在カブール日本公使館。下の写真は入口。日章旗が見える

山の間へ出ました。山といふても木も草も一本も生えてはおりません。灰を見た様な土と石とがあるばかりです。三十分後には国境へまゐりました。パスポートの検査がありましてアフガンへ入りました。至るところにキャラバンが多くおります。道はだん〳〵悪るく成りまして川だか道だかわかりません。山には一そう何もありません。

時々貨物の自動車とキャラバン位の事でほんとうに淋しい山の中や川の中を通りましてジャララバッドと云ふ町へ三時頃来まして時間がありますので次の村へまゐりました。村といふてもほんとうに淋しい処です。山の中では夕方ですからキツネにも出会ひました。こんな淋しい処でも村の名がニムラと云ひます。大きなホテルが出来て居ります。土人の作つてくれたアフガンの料理をはじめて食べました。言葉は英語でも通じません。電気はなくランプで夜を明かしました。

朝十一月七日の八時半頃出発しましてこんどは山の上には雪が降つておりますのを見ながら高原をはしりました。ショールでホウカムリをして山又山と午後四時頃やつとカブールに着きました。高原なので川にはコホリが張つておりました。日本と同じ位ではないかと思ひました。

公使館へまゐりました。皆様は大変よろこんで迎へて下さいました。此れで日本人が公使館の方以外に六人と成りました。女は私と三井物産の方と二人です。夜は公使が皆様と一緒に日本食の御馳走をして下さいました。三日ばかり公使館へ宿つておりまして主人は九日にはじめて商務省へ公使様と一緒にまゐりました。英語はほとんど通じませんので何が何だか分らなかつたと申します。

十日の午後私共の家を下さいまして引越しを致しました。運ぶといふても車もありませんし人の乗る馬車しかありませんのでクーリーにはこばせました。家といふてもアパートに成つて居りまして下が池本様といふ土木の方で私共のは二階で御座いまして前はアメリカ人となりはドイツ人であります。部屋は三室ありますけど土で作つて木はほとんど用ひてありませんし土の上に公使館からベッドをかりて来ましてねる処だけ出来ました。食事は公使館で致しました。東へむいておりますので朝は早くから日光がさします。ベランダも付いております。裏はカブール川が流れて居ります。前も後も山にはさまれております。公使館から二丁ばかりの処にあります。ランプの処もありますが私の処は電気も水道も来ております。

十一日からボーイをやといました。六十位のおぢいさんです。言葉は通じないし手まねで毎日を送つております。側から視ればおかしい様です。

市場の事をボザーと云ひます。毎日買物にはボーイが行きます。私も二度ばかり行きましたが着物で行きますので大変な人があつまつて来て頭の先から足の方まで視ます。これは幾らだといふのをチャンダキマダラと申します。数のかぞへ方、1ヤク、2ドウ、3セー、4チャール、5パンチ、6シャシ、7アフト、8アシト、9ヌー、10ダーと申します。お金は三銭と二十五銭と五拾銭しかありません。三銭をセイパイサ、二十五銭をニムクラン、五拾銭をヤックランと申します。一円がヤクアフガニーといひます。日本金に致しますと三拾銭位が一円です。

山が木がありませんのでタキ物が高いのにはこまります。料理は私が日本食ばかり作つております。ボンベイから取つております。和田から戴きましたエビはほんとうに持つて来てよかつたと思ひます。今もあれもこれもと持つて来ればよかつたと思ひます。ペルシャ語もなか〳〵むつかしく御座います。外国の方からレセプションになりますが私はまだまゐりません。主人は二度ばかりまゐりました。

山には雪が降つておりまして日中は暖かくてよろしく御座いますが、夜は大変寒むく公使館ではペーチカをたいて居られます。木が高いので風呂にもはいれなくまつ黒で御座います。十六日で二回程入りました。

便所も共同できたないし風呂もなし私共も土人の様に成ります。土人は便所はなく至る処田の中にシャがんでおります。紙でふきもしません。女は頭から布をかぶつて目の処だけうすくして自分からは見える様に成つております。足の先が一寸だけ視る事が出来ます。時々顔を出して居るのを視ますがなか〳〵きれいです。こんな事を書けばきりが御座いません。又に致しませう。これが着きます頃は十二月も終の事と思ひます。カブールも雪が一ぱいの事でせう。去年は零下二十度位まで成つた様です。そうなると道がわるくて手紙もペシャワル迄幾日もかゝる事と思ひます。私共カブール到着の事は外務省の方から通知のある筈です。

では又様子をお知らせ致しませう。元気で暮しておりますからお安心下さいませ。

さようなら。

鈴子

十二月十四日　　カブール

明けましてお目出度御座います。

（略）度々とお手紙、新聞等お送付戴き何よりのたのしみで御座います。日本も大分お寒むい事と思ひます。早いものでカブールに着きまして四十日近く成ります。日中は大変に暖かで御座いますが朝夕は寒むさがきびしく御座います。山には私共が着きました頃から雪が降つております。昨今はほんとうにきれいで御座います。雨は私共が参ゐりまして二度、それもほんの一寸だけで後は毎日〳〵カラッとした上天気で御座います。二、三日前なんか川も水道もみんな氷つてしまひました。

去る二十八日からアフガンの回教の人は断食に入つておりまして、日中は水一杯も食べません。約一ヶ月続く様で御座います。町の人がぼんやりして居る様にみえます。家のボーイなんかも元気がなくて何をさしても駄目で御座います。言葉の方も片言でどうにか通じる様になりましたが一寸したこみ入つた事に成るとボーイを連れて公使館にいつて聞いて戴いております。多い時は一日に二、三回もそんな事が御座います。

主人の方も元気で毎日午前九時半頃出かけまして十二時には帰つてまゐります。午後は家で仕事をしておりますがいそがしいらしく御座います。何しろ役所へ報告をしましても日本文では駄目ですから英文になほして出しますし向ふでは又アフガン語になほしてからでないと通じないし一つ仕事が幾日も〱かかります。大分田舎の方へもしらべにまゐりますが道は悪るいし自動車で行きますけど間でパンクしたり一緒に行く助手が一日五回おいのり致しますのでそれを待つたりほんとうに大変で御座います。暖かく成れば私が一緒に行つて少しでも手伝をして上げやうと存じます。私は毎日ボーイを相手に掃除をしたり食事の仕度をして暮しております。外に何もたのしみがないので食べる物でもと思ひますけど中々出来ません。

魚はありませんし肉と野菜で作つております。外の日本人の方のボーイは料理もしますけど家のはオヂイサンでちつとも出来ません。私が居ないと日向ボッコなどしてボンヤリしておりますので割にいそがしい思ひを致しております。

一日が過ぎるのが早い事と思ひます。それで身体も二人共丈夫で御座います。家の中も大分落付いて来ましてカーペットやカーテン布団等買ひました。毎日の買物はボーイが行きますが時々私も出かけます。チャーマンと云ふて一マイル半位の所にありますバザーへボーイと馬車でまゐります。其処へ行きますと外人向の品物が澤山《たくさん》といふ程でも御座いませんが日本品も大分見られます。ずつとカブールの町から東北の方へはづれております。其処は印度人の店が大分あります。外人が来るので英語でも通じます。私なんか此れは幾らだ（チャンダキマダラ）と言へばヤクとかヅウとか言ひますからお金をおいてまゐります。其の様にしてどうにか生活をしております。

日中用事がすみますと三井物産の鈴木様のお宅へいつたり又奥様がお出に成つたりして毛糸の

あみ物をして日本の事なんかお話したりしております。奥様は四十才位の方ですけど私と二人だけですのでお話が合ひます。外人のレセプションなんかあります。私も行く筈ですけど奥様もお出に成りませんし私も手を持つてあいさつなんかするのはいやですから日本の女は一人も出ません。日本人だけの時は私も奥様もお出に成ります。外国では女の方が上座ですのでほんとうにいやな気持が致します。時々マアチャンの会なんてのを公使館でやります。朝の二時頃迄遊んで帰る事もあります。公使も奥様が日本に帰つて居られますのでお淋しいのでテニスだとかドライブとかなさいます。私共も連れていつて下さいます。

大分土地にもなれましてこんなに遠くへ来て居る様な気は致しません。アフガンの方も大学なんか出られた方や学生さん等日本人の処へ来たいとみえましてよく夜なんかお出になります。そう言ふ方は皆、英語で話をされます。私は分らないのでだまつてあみ物などしております。日本へ行きたいと皆様言はれます。女の方は一切お目にはかかりません。商務次官の奥様が私に色々な物をボーイに持たして下さいますけど向ふでも女には合ふ事が出来ますので私と話したい様子ですけど私が英語が話せないと言ますのでお目にかかる事が出来ません。

いつか送付の筈の婦人クラブはまだ着きません。私共が出しました手紙がいつ頃着きますか知ら。日本からのは早い時は三十日目には着きます。郵便が来ます日は木曜と土曜だけです。アフガンは金曜日がお休みです〔イスラム世界では金曜日が安息日〕。それから十一年度のカレンダーを送つて下さいませ。やつぱり私共は日本のコヨミでないとこまりますから。此の手紙は一月の中頃に成りませう。

お正月のお餅はボンベイからかんづめを買ふてまゐりましたので食べる事が出来ます。お米も日本のも持つて来ましたがアフガン米もなかなかよろしいと思ひます。ボーイが塩を入れてたいてくれます。（略）

何しろ手紙しかありません。はがきはありません。一通で七十五アフガニーかかります。上利の方へもまだ出しません。春にでも成つて落付いてから差上げますから其の様にお通知ねがひます。

ではどうかお身お大切に。又お便り致します。（略）

鈴子

◉一九三六年（昭和十一年）

一月三日

おなつかしき皆様明けましてお目出度ふ御座います。

早いもので私共が日本を出まして三ヶ月に成ります。十一年の新春を思ひもかけないカブールで迎へました。皆様にもよいお年をお迎へ遊ばされました事とよろこんでおります。

カブールは元日の夜から雪と成りまして二日は一日中降りまして三日の今日はポカ〳〵した暖かい日で御座います。山の中の町ですから雪が降りました。景色は大変よろしく御座います。アフガンへ着きましてからも二ヶ月に成りますので大分土地の様子も分つてまゐりました。

家の中もどうにか不自由のない位までに道具も揃ひました。ボーイも前のは出しましてコック

右から四人目が尾崎三雄氏、左から六人目が鈴子氏

の出来るのが来まして私は何にも用事がなく成りました。毛糸のアミものや本を見たり時には洗濯をしますが後は皆ボーイがします。アフガン料理と洋食との合の子の様なのを毎日食べさします。私が何か手伝でもしてやらうと思ふてしますとしなくてもよろしいと申しまして皆してくれます。料理も塩と砂糖だけで致しますがなか〳〵上手に致します。お菓子なんかも作ります。でもお魚がないので何んだか物足りません。お肉と野菜ではあまり変つた事も出来ません。アフガンでは外には何も見る物も聞く事もありませんので日本人の方だけで一週に二回位マアヂャンを致します。女は私と三井物産の奥様と二人きりですが男の中で一緒に致しております。

去る一日のお正月には朝から十一時に式を公使館で致しまして式後皆様で（男七人女二人）御馳走に成りました。すつかり日本料理で私共は日本

在留邦人の記念写真（年月不詳）。

におりますよりか色々な物が出ましてよいお正月を致しました。男はモーニング女は紋付で行きました。其の後二日の午前三時迄マアヂャンを致しました。こんなに遠くへ来て居ますので皆様と兄弟の様な気が致します。割合に面白く生活しております。日本におれば食事の仕度もありますが此処におりますれば時間が来ればちゃんと持って来てくれますしお金はありましても買ふ物がありませんので其の方も気らくで御座います。日本におりまして此れだけあれば何が買はれるかと思ふたり致します。外国におりますと着物が割に入ります。

去る十二月二十八日にラマザン（ダンジキ）が終りまして後三日間お祭が行はれましたが皇帝の処に皆あいさつに行きます。私共はまゐりませんでしたが大官の方のレセプションがあります。其の時には私も招待がありましたが何んだかなれないので出る気が致しません。外国の方は奥様と一緒に行かれるそうです。其の内ペルシャ語が出来る様に成れば一度は話の種に行つて見たいと思います。出れば着物が要るので四月頃日本へ一寸帰られる方がありますので三越へでもお金を持つて行つて戴いて作らうかと思ふております。日頃着るのは春から洋服に致さうと思ひ今頃セーターを毛糸で作つております。出来ましたら写真でも撮してお目にかけませう。婦人クラブの附録にあみ物でもありましたら送つて下さいませ。（略）

書きたい事は山程ありますが又に致しませう。其の代り十二月の中頃撮りました写真を入れておきます。裏に処を書いておきますから。

今の処はカブールは夜零下二度位ですがもう少し致しますと二十度位に成るそうです。そしたらオオカミが沢山出るそうです。夜なんか何か大きなステッキでも持つて歩かないとあぶないそうです。出来るだけ夜は出ない様にとの土地の方の注意があります。此の頃でも前の山でなくのがよく聞こえます。（略）

鈴子

一月二十一日

（略）今の処私の仕事は各種の調査を行つて居ります。葡萄丈は確によいと存じます。今、日本人は公使、公使館員三、女中一人、三井物産御夫婦、土木技師一、私共夫婦の十人で御座います。近日中に公使の奥様と建築技師が御夫婦で来られ山林技師も見へることとなつて居ります(雑誌の附録で編物及婦人洋服の裁縫のあるものがあつた時はお送り下さいませ)。

毎度簡単なお便りで御座いますがどうか不悪。お体御大切になし下さいませ。何時かはお手紙有難く拝見致しました。

三雄

＊　＊　＊

(略)アフガンは元日以来毎夜零下十一度位になります。でも二人共至つて元気で暮しております。どうかお安心下さいませ。(略)

アフガンの人は日本人はちつとも悪るくは思ふては居ないらしゆう御座いますので町を通つても安心しておれます。此処は冬は寒むい処ですけど夏は大分暑いらしく砂ばくばかりですのでオホカミが出たり夏はへびが私共の家の前後の山には居るそうです。コブラといふ日本のマムシよりか強い毒を持つたのが沢山居るそうです。オホカミも十日位前二箇所町へ出て来たそうです。出る時は一匹でなく沢山むれに成つて出て来るそうです。私の家の近所が一番度々出る処だなんておどかされます。私共がおそれておるのでアフガンの人は東京には出ないか等きかれます。動物園に居ると言ひましたらよく分らない様な顔をしております。(略)

それから小包は今の処お送りになりませぬ方がよろしく御座います。外の方のは日本からは送つたといふて来てもちつとも着かないと皆申されます。ペシャワル迄は来るらしいですけどもそれからがまゐりません。送つて戴き度い物は山程御座いますけど切角お出しに成りましても着かないのではつまりませんから何か送る方法でも聞けばお知らせ致します。

先日書いておきましたお金の事私共が東京において来たのがまだ大分ある様子ですからお借りしなくてもすみませう。此方から送ると申しましても公使館におねがひしなくてはお金を送る事は出来ません。ほんとうに不便な国で御座います。こんな文化のおくれた国に居て三ヶ年後日本に帰つてどんなにびつくり致す事で御座いませう。今からそんな気が致します。其れでペルシャ語だけでもお土産にならつて帰りたいと存じまして一週三回先生がまゐります。先生も日本語は分りませんので英語で教へて下さいます。私にはそれも分らないので主人が通訳をしてはならつております。主人は字の方も致しますが私は話すだけ。コックが台所は致しますし私は外に用事は御座いませんけどやつぱり日本語の方がよくアフガン人のボーイにだけしか使ひませんのでおぼへられません。

先日アフガンの人の家へ御馳走になりました。男は奥様には会はれませんが私と三井物産の奥様と二人で会ひました。日本人と変りません。自由に人の前に出られないなんて気の毒ですが本人は小さい時からそういふふうに育つて来たのでそう不自由にもみえません。毎日家の中で料理を作つたり手芸をしたりして暮しておられる様です。御馳走の時は土間へカーペットを敷いた上に白い布をおいてお客の前には大きなアフガンパンが一人づゝおいてありまして大きなお皿へ一ぱい盛つてあるのを手でつかんで食べるのです。ポロ〳〵と落ちるのがパンの上へ落ちる様にするのです。女はホークを出して下さいましたが主人なんか手で食べました。後で石けんとお湯が出まして手をあらひます。お茶は日本から来た緑茶が出ました。アフガンでは皆日本のお茶をのみます。此処は雨がなく土地も空気もかはいておりますのでお茶なんかでもバザーへさらしておりますが皆カラ〳〵に干した様にいつも成つております。

此の頃の様に零下十一度にもなりますと野菜なんか皆氷つてしまひます。家の中でそうです。玉子なんかも氷つてしまひかたく成つております。羊の皮を縫つた袋に持つて来ます。水も水道が氷つて出なく水汲みが一回五十銭で持つて来ます。一日は十分それで間に合ひますが風呂に使ふ時は一円位かゝります。それで十日に一度位しか出来ません。身体はきたなくなるしアフガン式になつてしまひました。其のかはり田舎で東京に居る時よりか身体のためによろしいのか丈夫で御座います。主人なんか畑の方へ一週間位まゐりましたらまつ黒になつてしまひました。毎日方々歩いており運動がよろしいのか少しふとつて来たなんて申しております。

来る二月の船で日本から建築の方御夫婦と公使の奥様が来られますのでそれを待つております。

皆様風引を遊ばされませんせん様おねがひ致します。

さようなら。

鈴子

二月十日

（略）カブールは土地の方のお話では近年にない暖かさだと申しております。去る一月の初めに零下十一度が続きましたが昨今では日本の三月頃の時候で御座います。山には雪がありますけども下には少しもありません。東京にゐるよりか暖かいと思ひます。日本も節分が過ぎましたからもう梅も花盛りで御座いませうしだん〳〵よろしい時節と成りませう。カブールは初めての事なので此れから暖かく成る事やら又寒さが来るやらちつともわかりません。今頃バザーへ出る花は水仙より外何も御座いません。此んなに何もない処は日本のどんな田舎へ行つたたつて御座いますまい。

毎度送つて戴く新聞に活動の広告が出ておりますがいくら昔のでも視たいと思ひます。でも公使館でラヂヲがまゐりましたので時々聞きにまゐりますが日本のはちつとも入りません。先日ボンベイから日本のげいしやの歌が聞えまして皆で大よろこび致しました。四ヶ月ぶりでした。公使のお話では二月一日から外国へ放送が始まるとかおつしやつておられました。外の方のお話ではラヂヲ体操が聞えたとか言ふておられました。日本の朝はカブールの午前二時頃ですからなか〳〵出掛けるのが大変です。

此処へまゐりまして四ヶ月に成ります。早いもので御座います。少しは落付いてはまゐりましたがやつぱり日本の事がいつも頭にうかんで一日何回か話に出ます。此の頃ではバザーへは出掛けませんがキタナイ事でもそれも大分感じなくなつてしまひます。日本人の方皆様アフガン式だといふては洋服の古いのを出して着たり着物も昔物のはでな物を出しておられます。

一番たのしみなのは木曜日で御座います。其の日は日本から郵便物がまゐります。外の方へは来たのに家へだけ来ない時はがつかり致します。一週二回まゐりますけど日本からは一回だけで御座います。（略）

何しろ用事がありませんので本を視るのとあみ物とだけで一日を送つております。

ペルシャ語の方は一週三回アフガンの方に教へて戴いております。金曜日（お休み）は午後から公使館でマアヂャンを致し夕食を御馳走に成つております。来る十一日の紀元節には式後御馳走が出るとか通知がありました。一週一回は日本食が戴けます。

主人の方は毎日いそがしい〳〵日を送つております。三ヶ所の農場を持つておりまして今迄の方法をやめて日本式の作り方を致しますので農具なんか春使ふ物をすつかり今の寒い内に作らせておかなくてはなりませんので農具はシャベルとか御座いませんのでクワとかクマデなど作らせるのに今盛んに図を書いております。一寸でもひまが出来ると公使館の手伝をしにまゐります。公使館の方は公使と後二人しかおられませんのでおいそがしい様です。役所の方々から（日本の）お手紙もまゐりますけどなか〳〵書くひまが御座いません。お父様の処へも出しませんけど丈夫に暮しておりますので御安心下さいませ。（略）

今日は此れで失礼致します。

鈴子

二月二十三日

（略）一昨日二十日先月十八日お出しの手紙がまゐりました。一ヶ月も前の事ですがほんとうに安心致しました。カブールは外の方のお話では昨年は大変寒かった様子で御座いましたのでストーブの用意をしてたき木を一室一ぱい買ふて待つております日中はコートなんか着るとあつい位で御座います。もう此れから三月一ぱいは雨の時候と成りますそうです。昨日からポツ〳〵降つてまゐりまして今日は又朝から雪と成つてまゐりました。まだ二月ですからもう一度位寒むさが来る事で御座いませう。日本の様なコタツを作つて布団を敷いて座つて一日中入つております。（略）

此の頃は日本より持つて来た物も使つてしまひアフガン料理ばかりで御座います。毎日〳〵肉ばかりで何かさつぱりした物が戴きたくてなりません。三井物産の方は会社の方の世話で日本からお取りになりますので其の方へおねがひ致して買ふて戴くつもりで御座います。其れも注文して半年位かゝりますので当分の事では御座いません。お醤油も少しは持つて来ましたが後がこれだけしかないと思へばほんとうにおしくてなるべく用ひない様にしております。（略）

此の頃公使館のラヂヲが日本のが聞える様に成りました。四時間半違ひますから午後一時頃子供の時間が始まります。ニュースも割合はつきりと聞えます。毎週金曜日はアフガンのお休みで御座いますので午後からは公使館へ集まります。此の頃は暖かく成りましたので自動車で日本人だけ皆ドライブ致します。至る処広い場所が御座いますのでゴルフなんか致します。寒むい日はラヂヲを聞いて皆様と半日を過します。砂原の中にも処々に青い物が見え出しましてほんとうの春も近い事で御座いませう。

主人の仕事は毎日いそがしい〳〵で暮しております。仕事は何も彼もで八百屋みたいで御座います。今頃外務次官のお庭を作る事を命ぜられまして日本式のお庭で御座います。此れから始めやうとする処で御座います。どうかよいお庭が出来ればよろしいがと思ふております。自分の本職の方もブドウ園三ヶ所ほど春の仕度をしております。国への便りもなか〳〵思ふ様に書けませんので私が代りまして書きます。(略)

皆様お身お大切に。さようなら。

鈴子

三月二十二日

(略)一昨日三月二十一日お父様二月十八日お出しのお便りまゐりました。新聞、キング、あ

公使館にて、二十名を超える在留邦人とともに

み物の本等も一緒にまゐりました。有難う御座いました。

今年は日本は大変にお寒むい日が多かつた御様子で御座いましたが皆様お元気の由うれしく御座います。カブールも一時はお寒むう御座いましたが三月へ入つてコートもいりません。土地が乾いておりますのでほこりはありますがカラッと晴れまして日本の様に今日も雨明日も雨といふ事はちつとも御座いません。こんな高い処で御座いますので一寸した山なんか雪が一ぱいで御座います。町のはしに出ますと其の山が大変美しく御座います。遠くヒンヅークシの山も見る事が出来ます。サバクの山にでも少しは青い物が出てまゐりました。アンズの花が大きなつぼみを持つてまゐりました。此処へまゐりまして五ヶ月にも成りますがほんとうに音一つしないねむつた様な町で御座いますが人出はなか〳〵多いと思ひます。

去る三月二日から三日間お祭が御座いました。其の時は白い布を着た女の人も大変沢山町にでておりました。白い布の下から赤や青等の美しい服がチラ〳〵と見えます。此処では女の人奥さんですが大変お金をかけるそうで御座います。女は自分では買ひには出ないで男の方が皆買出しを致すそうで御座います。お嫁をもらふといひましても買ふので御座います。十四位から買はれて行きます。此の頃時々夜十一時頃町を音がく入りで通ります。初めは何かと思ひましたが嫁入りだつたので御座います。買ふのに一番安いので三百アフガニー位出さないと来てくれないそうで御座います。日本金の百円位です。大抵二人位持つております。ビンボー人はその金がなくて一生一人で居る人が多いそうで御座います。

アフガンのお正月は此の手紙の着きました二十一日で御座いました。お正月は別に何も御座いませんでしたが人出は大分御座いました。私は出ませんでしたが主人は助手と一緒に出ました。外人が出ると大変な人がたかりましておまはりさんが出て道を開くやら大変だつたと申しておりました。去る三日のお祭の時は役所は三日間お休みで御座いました。主人は宮中へまゐりました。人絹の日本製の風呂敷に砂糖豆とアメが入つておりました。外国の宮中で戴いたのなんかちつとも有難いといふ気はおこりません。

二月の末には日本は大変な事〔二・二六事件〕が起りました様子で御座いましたが新聞の来るのが待遠く御座います。公使館のラヂヲに日本のニュースが入りました。とてもよく聞えます。二月の一日から東京放送局から海外へ放送されますラヂヲ体操と夕方六時の子供の時間から九時半の時報ニュースと最後迄入ります。

カブールも大分なれてはまゐりましたが一寸した話は分りますが少しこんだ事を言はうと思へば出来ないしボーイを使つて居てもほんとうにこまります。早く三ヶ年が過ぎればとそればかり思ふております。二人目のボーイも今日出してしまひました。今日一日は私が日本食を作つております。外人だと思ふて何も彼も高い事を言ひますもの。一寸した物を買はせても自分で三分の一位お金を取つてしまひ後の残りで買物を致します。自分で買ひに行けば店屋で二ばい位のお金を取られるし道をあるけば皆で視るし主人の方はトルコぼうしを買ひまして一寸分らない様になりました。

私も日頃は洋服に致しました。初めはいやで御座いましたがなれてまゐりますと着物よりずつとらくで御座います。二、三日前写真を撮りましたがまだ出来ませんので此の次にお送り致します。（略）

鈴子

四月二十日

御なつかしい皆様しばらくで御座います。其の後、お達者のお事と存じます。私共は至つて元気に暮しております故お安心下さいませ。

寒い〳〵と思ふた冬も過ぎまして今頃はアフガンの一年中で一番よろしい時候だそうで御座います。アンズ、モモ、ナシ、リンゴ等咲き日本の桜の様で御座います。

いつかお送り致しましたイスタリーフと言ふ処の写真を見られました事と存じますが半月程前まゐりました。カブールから自動車で二時間で行かれますがカブールの近所では一番いゝ処で御座います。途中野生のチューリップが一面咲いております。日本では一本五銭も十銭もする様なのがいつぱいです。こればかりは日本では視る事は出来ません。

私共は秋まゐりましたのでかれ野原で御座いましたがサバクも少しづゝ何か草が生えてまゐりました。其の中を羊が草を食べておりますのはのんびりしてなか〳〵よろしく御座います。今頃は丁度雨の時候で御座いまして時々ザーッと雨が来ますが日本の様にジメ〳〵とはちつとも致しません。日中はセルの単衣でもあつい位で御座いますが夜は羽織にショール位入《い》ります。光線が強いので家の中ばかりにおりましても出ておる部分は黒くなつております。主人は毎日畑ばかりで御座いますのでもうインド人とあまり違はない様になりました。今頃は野菜とか花物とかの種まきでいそがしく御座います。自動車を役所から下さいましたので方々の畑を車で廻つております。

私もボーイが子供ですので食事の方を致しておりますのでなか〳〵用事が御座います。着物はなるべくなら着ない様にと毛糸で何やかやと作つております。此処の人は女は頭から布をかぶつておりますのでボーシが要りませんので私がボーシがほしいと思ひますがありません。今毛糸でベレーボーを作つておりますがなか〳〵思ふ様に出来ません。毎月の婦人クラブなんかで洋服の型やあみ物がありましたら送つて戴きたいと思ひます。ミシンで縫ふだけなら此処の洋服屋で出来ますが形を取るのが出来ませんのでこまつております。それに布地もいゝのがなくふだんの物なのでそれで間に合せております。着物も羽織を着ればよろしく御座いますが帯なんかしめて町なんかあるけません。自分の家でして居てもボーイに笑はれます。（略）

言葉の方も一通り分ると先をおぼへようとしませんので一寸むつかしい話はちつとも通じません。ボーイも一ヶ月に成りますので私の言ふ事が通じる様になりました。発音が違ひますので外の人では一寸分りにくい様です。もう英語で人から話されるよりかペルシャ語の方がよく分ります。三年も居る内には分る様になりませう。（略）

どうかお体お大切に。さようなら。

鈴子

五月十一日

（略）アフガンでは日中はとても暑く御座います。ガラスまどなんか開いておきますと暑い風が吹き込みますので朝一寸開くだけでしめてカーテンをかけております。でも夕方に成りますとずつと涼しくなつてまゐります。日中はうすい洋服一枚でおりますが夕方からは毛糸のセーター

中央が鈴子

を着ます。もうカブールへまゐりまして半年になります。土地の様子も大分わかつてまゐりましてお休みの日には方々へピクニック致します。東京では山に登るなんて事は出来ませんがカブールでは金曜日は町の人は山登りを致します。山と言ふても大きな木は一本も御座いませんので上に行けばカブールの町や遠くヒンヅークシの山迄ながめる事が出来ます。平地ではこんなに暑いのに山はまつ白で御座いましてとてもきれいで御座います。山には大きな木は御座いませんが高山植物が一面に生えておりまして見た事もないお花がいつぱい咲いて山の上のお花畑で御座います。

去る四月二十九日天長節には日本公使館でレセプションが行はれましてアフガンの大官の方々や外人の方等百四十人あまり来られました。私も此処へまゐつて初めてまゐりまして大臣方にお目にかゝりました。其の時公使から日本の生花を活ける様にと申されまして外の奥様方と活けました。大変皆様のお気に入りました。今思へばもう少し日本に居る時続けて習つておけばよろしかつたと残念で御座いました。商務大臣のお子様が日本に行つて居られますので自分の家のは男の子であるが日本で習はせてほしいと申されましたそうです。着物は皆日本の紋付を着てまゐりました。めづらしがられました。

主人は相変らず毎日〳〵畑廻りばかりで御座います。植えました物が皆芽を出しまして植代えなんかして居る様で御座いますが雨があまり降りませんので畑には川から水を引きましてしめしております。此の国では水が大変よく利用されております。

此の国の人は身体が丈夫に出来ております。此の頃暑いと申しましても真夏の様には御座いません。それでカブール川が私の家の側を流れておりますのに入り代り〳〵人が水浴を致しております。もう四月の初め頃から入つております。私達も風呂なんてものには公使館で二、三回入つただけでいつもお湯をわかしては身体を洗つております。それも大分なれてはまゐりましたがゆつくりとお湯の中につかつて見たう御座います。

大分なれまして日常の生活にはあまり不自由は感じなく成りました。昨今はねぎが出まして(玉葱の小さいの)お味噌も少しばかりありますのでヌタ和えなんか作つて戴いております。お魚も川のが少しは御座いますが日本の様なよい味は致しません。毎日私が料理をして居ります。ウドンなんかもメリケン粉で自分で作つております。カステーラ等も作ります。なか〳〵おいしいものが出来ます。(略)

ではこれで失礼致します。さようなら。

鈴子

七月二十日

(略)アフガンは日中は大変な暑さで御座いますが夜と成りますと涼しく成り、朝なんか寒むい様で御座います。此の暑さも後一ヶ月で八月の中頃からは涼しく成るそうで御座います。暑いのでどこへも出かけませんが夕方の散歩が何よりたのしみで御座いゝます。でも雨がもう二ヶ月も御座いませんのでホコリが大変で御座いゝます。汗が出ませんのでとても楽で御座いゝます。私共は一ヶ年も居りますので土地にもなれてまゐりましたが先月お出に成りました公使館の方はセキリに成られまして一ヶ月位休んでおられます。私共は食事は自分で作りまして生のままの物は食べないゝ様にしております。果物は塩水で洗つてお湯をかけて戴いております。ボーイには料理はさせないゝ様にします。

果物も大分出てまゐりましたが何にもおいしいと思ふ物は御座いゝません。青いゝ食べられもしないゝ様なのがバザーに出ております。土地の人はおいしい〳〵と言ふて食べておりますが私共には向きません。（略）

山林の相沢様も八月の初めには御着きの事と思ひます。生後百日位の子供さんをつれて来られるそうで御座いゝます。又にぎやかに成ります。待つております。今日はこれで失礼致します。

（略）

さようなら。

鈴子

七月二十六日

（略）カブールも今は暑い盛りで御座います。汗が出ないので幾らか楽では御座いますが、でも身体中がムッと致します。雨がないので土地はカラ〳〵しておりまして洗濯物でも致しますと一時間位でそれも室内でかはいてしまひます。二、三日前夕立が三十分位御座いましたが一ヶ月半位目に降りまして、とてもめづらしくなつかしく御座いました。

おぢい様のお手紙に水田の事が御座いましたがカブールの近くには御座いませんのでいつ作るのかアフガンへまゐりましてまだ見ませんが、どこかずつと田舎の方ででも作るので御座いませう。此処では何でも植代へると言ふ事を致しませんので田へ直蒔きでもしてお米を作るので御座いませう。お米の質が大変悪るくてお話に成りません。毎日お米を食べておりますが日本のお米を見ると食べられません。それでもパンだけ食べるよりかよろしく御座います。日本のお米も少しばかり持つて来ましたのを作る時が一番の御馳走で御座います。

今頃は茄子トマト等出ますが植代へないで平地へばらまきで御座いまして一ぱい生えてかぶはちつともはりません。ヒョロ〳〵としております。一本の木からは幾らも取れないらしく御座います。果物はブドウが御座いますがそれだけは日本のよりか大変おいしいと思ひます。リンゴなんか小さいそしてシブイので御座います。実るとシブクなるので今頃青い小さいのを買つております。

毎日〳〵お料理は何にしようか知らと思ふ位何も御座いません。お醤油でも沢山用ひてお煮〆でも作れば何か出来ますが後いくらもないと思へばお煮〆ばかりも作れませんのでお塩で大抵味付しております。（略）

来月十四日から一週間程アフガンでは独立記念祭が行はれます。今頃から兵たいさん達は行進の練習をしておりまして一日幾回となく音楽を聞く事が出来ます。主人達は又宮中へ参内致します。七日の間は色々と余興等出ますし活動も来るそうで御座います。私の小さい時お祭を待つ様に皆で待っております。其の時には又色々と様子お知らせ致しませう。皆様どうかお達者でお暮の様いのっております。

さようなら。

鈴子

八月二十五日

（略）今「カブール」は日中は酷暑ですが夜中は中秋の涼しさで御座います。葡萄とメロンの出盛りで御座います。此れ丈はとても日本では味あはれぬおいしさで御座います。是非皆様に御馳走し度いと存じます。

先日日本人一同で川漁に参りました。川は魚で埋れる程居ります。此の国では魚を殆んど食べませんので魚も順《おと》なしく下手な投網でもまたたく間に二、三百はとれます。お父様に網打をさせたいと思ひます。一寸山奥に居る「イワナ」に似た様な魚で御座います。大きいのは五寸位御座います。此の国では夏は雨がないので蔬菜を作るのに日本で水田に潅水する様に畑に水を入れます。耕作の習慣が違いますので全く困ります。今八人の生徒を教えて居りますが却て骨が折れます。

毎日朝六時半から夕方六時頃まで働きそれが済んでペルシャ語の勉強を始ますので暇もなく御無沙汰ばかり致します。

今日は之れで失礼致します。どうぞ御大切に。さようなら。

三雄

＊　＊　＊

（略）農林省の相沢様は去る八月七日にお着きに成りました。其の時には色々とおめづらしい品ほんとうに有難く御座いました。ちつともいたまづにまゐりました。カレイの乾物が少し虫が付いておりましたがおいしく戴きました。荷物がおくれましたので十二日に受取りました。十四日からはアフガンの独立記念祭が十九日迄御座いまして郵便局がお休みに成りまして早くお礼を出します筈で御座いましたが失礼致しました。カブールもなか〳〵のお暑さで御座います。日本も今頃はお暑い盛りで御座いませう。

先日のお祭りを利用致しまして方々見物にまゐりました。カブールも大変にぎやかで御座いました。主人共は宮中へまゐりました。活動もまゐりましたし色々の見せ物が沢山まゐりまして一年ぶりで御座いました。三日だけカブールに居りましてカブールから百五十哩の処に御座いますバミアンと申す田舎へまゐりました。朝五時に出まして三井の鈴木様お夫婦と私共と四人で三井の車でまゐりました。途中車がパンク致しましたりして午後の四時頃向ふへまゐりました。道は割合大きな道で御座いますが山と山の間を通ります。ヒンヅークシの山々を越してまゐりますので一万尺以上の高原を通りまして其の高原には丁度麦の盛りで御座いました。あんな高い処に出来て居りますのにはびつくり致しました。まいただけで一尺にも足りない小さい物で御座います。

すぐ近くには一万五千尺位の山々は雪がまだ御座いまして一年中あるので御座いませう。其のバミアンも約一万尺位な処で御座いましてカブールよりかずつと涼しくてい丶処で御座いましてホテルもい丶のが御座います。村は真尾《まなお》（山口県佐波郡小野村の郷里）の半分位しか御座いません。殆んど穴居をしております。私共の見にまゐりましたのは大きな山をほりまして仏像が山になつて御座います。日本の大仏様よりか大分大きな物で御座います。其の像の横から頭の上迄見物出来る様にトンネルの様な通りが御座いまして千年も昔おぼうさんがすんで居りました穴が沢山御座います。十枚位た丶みが敷かれる位の広さで御座いまして天井等は小さい仏像が沢山書いてあつた物らしく火をたいてすんで居る内にまつ黒になつております。処々に出ております。昔インドから仏教が入つて来た時の物だそうで御座います。其の為九百年位前にマホメットのために顔を半分程切り取られてしまひましてはなから上は御座いません。

　三日程おりまして帰りましたら私の内へぬす人が入つておりまして何もかもひつくり返してありました。お金はアフガニーは皆持つて行きました。ルピーは二百ばかり御座いましたが、トランクへ入れておきましたので何んともなくてすみましたが、主人のクツや私の時計万年筆三本と外にくすり等大分持つて行かれました。洋服や日本の着物は取られませんでした。出る時方々へカギをかけておきましたのに皆合かぎを持つて来てあけてありました。私共の前には相沢様が居られ下には池本様が居られましたのに其の日私共の出ました日八時頃一寸公使館へ行かれた間に入りました。池本様は下でお仕事をして居られましたそうで御座いました。上の方でコト〳〵音がするので私の家へ来られましたら留守の筈なのが電気が付いてドアが開いて居るのでびつくりなさいまして外から出られない様にカギをかけられて公使館へ行かれて皆様来られましたが裏口のカギをこはしましてもう居なかつたそうで御座います。

　私共は何も知らないで遊んで居る留守にはおまはりさんが来るやら大変なさわぎであつた様子で御座います。私共は電話がかゝりましたが何分遠いもので二日後に帰つてまゐりまして自分の内だとわかりましてびつくり致しました。どうも今月の三日迄使つて居りましたボーイらしく家に居る頃にも五十アフガニーも取りましたので出してしまひました。名前も家も分つておりましたのですぐ警察の方でつかまりましたそうです。ほんの子供でまだ十五で御座います。母親が毎日来てゆるしてくれと云ふておりますが今迄何回取られたか分りませんので私は知らないといふては帰します。外人の物をぬすみ致しますと一そうひどいつみになるそうで御座います。手の指を切られるそうで御座います。二、三日内に警察の方からつれて来るそうで御座います。なかなか此処の人はほんとうの事を申しません。どう成りますか分りましたらばお知らせ致します。

一昨日は日本人全部で魚取りにまゐりました。カブール川の上流の方で二時間位の処で御座います。土地の人が取らないのでまつ黒になる位沢山おります。トウアミで取りましてイダ〔ウグイの別名〕位の魚が百位取れまして川ぶちで焼いて食べました。見物人が黒山の様で御座いました。昨日は一日中魚ばかり食べました。此の頃は果物が沢山出まして皆様にも差上げたい様で御座います。（略）

今日はこれで失礼致します。　　鈴子

九月十九日

（略）長い〳〵夏もやうやく終りとなりまして昨今は大分涼しくなつてまゐりました。（略）

先日は公使館で日本の活動を視せて下さいました。海軍省でおうつしに成りました物でずつと昔の物で御座いましたが一年ぶりに視ましてなつかしく御座いました。

村祭りもだん〳〵近づいてまゐりましてだん〳〵おいそがしく成ります事と存じます。山行き

現地技術者と。前列右端が三雄

も始まりませう。松茸の味が頭に浮びます。アフガンも今頃は割合と食物が沢山御座います。メロンとぶどうはほんとうにおいしくおぢい様へお上げし度い様で御座います。一日三回は果物を食べております。

主人の作ります畠の方も初めてゞなか〳〵よく出来ませんでしたが去年来る時お母様より下さいました大豆をまきましたら大変よく出来ました。トマト、カボチャ、キウリ等植へましたがトマトはよく出来ました。カボチャは日本の様に沢山はなりません様でした。大豆だけは此処の土地に向くらしく御座います。何しろ雨が御座いません。五月頃降りましたきりで畠はカラ〳〵と成りましてセメントでかためた様に成つております。一年中雪のありますヒンヅークシの水で作物を作つております。時々奥の方で夕立が御座いますがカブールはちつとも降りません。一昨日も降つたらしく水道の水が赤くドロ〳〵してまゐりまして洗濯も出来ません。のみ水も土くさいのをのんでおります。あの佐渡川の水の様なのがあればといつもなつかしく思ひます。後二ヶ年だと言ふてそれだけをたのしみに致しております。（略）どうかお体は大切におねがひ致します。さようなら。

カブールにて　鈴子

十月十八日

（略）思出してみますと去年の今頃は船も大分いや気の出た頃で御座いましたが後二十日ばかり致しますとカブールへ着きまして一ヶ年と成ります。いよ〳〵後二ヶ年と成りました。大分土地の様子も分つてまゐりまして言葉も少しは話せる様にはなりましたが故郷の日本はわすれる事は出来ません。外交官の方はよく外国ばかりで淋しくはないかと思はれます。私共が視ますとほんとに気の毒な方だと思つております。去年まゐりました頃には日本人も少く御座いましたが今では日本人は十八人と成りました。来る十一月の船では通訳の方御夫婦と農林省の方が新しいお嫁さんとお二人で四人、十二月の十日頃には来られまして今月十月の末頃には軍人の方が来られまして二十三人と成ります。土木の方々はそれ〴〵仕事場の方へ行かれます。

池本様はカンダハルと言ふ処へ行かれまして二ヶ年程居られますそうです。新しい方の土木の方は一人はハナバットへカブールより自動車で二日、一人はマイマナ、カブールより自動車で六日間の遠いロシヤとのさかひの北の方へ二人共行かれます。私共は冬の間だけ来年の三月頃迄ペシャワル行の途中のジャララバッドと云ふ処へ今の処行く事になつております。カブールより暖かくつて雪なんか降らない処です。カブールより自動車で一日で行けます。行けば私達二人とボーイと助手を八人つれてまゐります。其処は外人は一人も居りません。私共二人だけです。主人は下しらべに去る九月二十九日より十日位出張してまゐりました。私はカブールへ着いて初めて一人で留守を致しました。相沢様がそばに居られますのでにぎやかで仕合せでした。

暑い〳〵夏も過ぎ昨今は夜中はほんとうに寒むくなつてまゐりまして袷に羽織でも寒むい位で御座います。少し高い処は霜がおります。こうして手紙を書いておりましても足の方がつめたくなつてまゐります。山はいつも灰色で其の内白く成つてまゐりませう。今迄私共の目をなぐさめておりました桑の木アンズの木ももう黄色と成つてまゐりまして其の内青い物は地上からなくなつてしまひませう。其の淋しい冬も後二ヶ年が過ぎるかと思へば待遠しくてなりません。此の手紙の着いて返事が来る頃にはカブールもまつ白くなつて新しい年を迎へる様に成ります事で御座いませう。（略）

主人の方は夏物の野菜作りもすみまして一時少しは楽に成りましたが又ジャララバッド行の事で何やら書いております。でも此処では朝九時半より午後三時半で仕事が終りますので今頃日本人全部でテニスの試合を致しております。勝てばカップが出るそうで一所懸命に成つて致しております。私も先日マアヂャン大会をしまして二等に成りテーブル掛を戴きました。一等は三井の鈴木様の奥様でした。女が一、二等を取りまして何だか気まりが悪るく御座いました。（略）今日はこれで失礼さして戴きます。さようなら。

カブールにて　鈴子

十一月九日

（略）アフガンも朝夕は真冬となつてまゐりました。少し高い山々は雪が降つてまゐりまして中頃迄まつ白と成つております。平地には木の葉は大分落ちてまゐりました。もう後一ヶ月もしますと雪が降つてまゐりませう。でも後二ヶ年と成りました事を思へば冬もうれしく成ります。早く来ればいゝがと寒さが待遠く御座います。日中は大変暖かくてよろしく御座いますが夜はコタツが入ります。主人の方の仕事も大体すみまして今では冬ゴモリの仕度に出来た物を地中にうめております。十二月の中頃よりジャララバッドと云ふ暖かくて雪なんか降りません処です。来年の三月頃迄行つております。私もボーイもつれてまゐります。お手紙なんかは今迄通りに出して下さいませ。廻して戴きますから。（略）

食べ物も一ヶ年食べてまゐりましてどうにかやつて行けますのでどうぞ御心配なさらないで下さいませ。其の内お寒むく成つてまゐりますのでお体お大切に遊ばしませ。さようなら。

（追伸）此の中へアフガンのザクロの種子を少しばかり入れておきましたから春植へて下さいませ。とてもおいしいものです。日本の夏みかん程の大きさに成ります。

カブール　鈴子

十二月二十一日

（略）二週間ばかり「ジャラテバッド」と云ふ処に行つて居りましたが今は「カブール」に居ります。しかし政府の用意の出来しだいこんどは「カンダハル」と云ふ処へ参ります。「ジャララバッド」へは鈴子も一緒に参りましたが「カンダハル」は遠いのと仕事する場所には「ホテル」もありませんので一人で参ります。今は来年の仕事の計画やら一ヶ年の復命やらで忙しくして居ります。どうぞ御体御大切になさいませ。さよなら。

三雄

＊　＊　＊

（略）もう今年も後十日ばかりと成つてまゐりました。此の手紙の着く頃は新春と成つております。長い〳〵と思つておりましたが過ぎて見れば早いもので御座います。日本も今頃は毎日お寒い事と存じます。カブールも大変お寒むく成つてまゐりました。去年よりか一ヶ月早く寒むさがまゐりました。十二月の九日の夜から降り出しまして三日間降り続けました。とてもきれいな山と成つてまゐりました。もう来年の春迄は此のまゝの姿で御座います。

私共は十二月の中頃からジャララバッドへ行く事に成つておりましたが早く行けとの事で十一月二十四日にカブールを出まして二十五日に着きまして暖かいのでやれ〳〵と思ふておりましたらば十二月の十日にカブールより電話がありましてすぐ帰る様にとの事であちらを午後一時に自動車で出ました。向ふは十月頃の暖かさで御座いますのでまさか雪降りとは知りませんで居りましたらば一万尺の山へまゐりましたらまつ白く降つておりまして夜の十一時頃に成りまして雪の中で自動車がうごかなく成りまして三人で後おしをしまして何回も〳〵とまりましてカブールへ着きましたのは午前一時で御座いました。カブールも大変な雪で御座いまして同じアフガンでもあんなに違ふかとびつくり致しました。四五日相沢様でお世話に成りまして今日やつと落付きました。ボーイも道具も皆持つて行きまして三月一ぱい居る事と思ひまして仕度も色々としてまゐりましたのに十五日ばかりで帰つて来てばかを見ました。

こんどはカンダハルの方へ行く様に成りました。私はもう留守番を致す事にしました。一月一ぱい位綿の方で出張致します。一人でも長い自動車の旅よりかいゝと思ひます。カンダハルはカブールより南の方で丸三日位自動車でかゝります。砂漠の中を通りますのであまり遠くは御座いませんがでもペシャワルへ出るよりか遠く御座います。女には一寸むりで御座います。一人でもカブールには公使館も御座いますし日本人が二十人ばかり居りますので淋しく御座いません。でも一度はアフガンを視ておき度いと思ひます。

日本で御座いますれば旅をしましても荷物は何にも要りませんし汽車でらくで御座いましたが此処は自動車しか御座いませんので。そして夜具を持つてあるかないと宿にとまつてもありませんのでそんな物台所道具等持つてあるきますので荷物が大変で御座います。そして旅行中には食物がパンとお茶しか御座いません。それも砂漠ばかりで御座いましてなか〳〵手に入れるのが大変で御座います。そんな様で御座いまして私がジャララバッドへまゐりました時も相沢様におひるのおべんとうを作つて戴きましたのを二日程大切にして食べました。着いて一日後ボーイが着きましてお茶を出してくれました時のおいしかつた事何ばいのんだか分らない程で御座いました。

カブールは寒むくともアフガンの都会で御座いまして一ばんいゝと思ひます。昨今は零下五、六度位だと思ひます。ストーブとコタツ、アフガンではサンダリーと申しますが入れております。水道が氷つて水が少なくてこまります。カンダハルはペルシャの方で御座いましてジャララバッドよりか少し暖かで御座います。十二度位から十七、八度位で御座います。インドの方へ出ればチャーマンと言ふ処へ出ましてカラチへ出られます。明日十二月二十日に出発致します。

今年のお正月は私一人で致します。（略）

では皆様お達者で新年をお迎へ遊ばしませ。さようなら。

アフガニスタン　カブール市　鈴子

◉一九三七年（昭和十二年）

二月二十五日

（略）私は長いことカンダハルと云ふカブールから二五〇哩ばかり離れた処に出張して居りました。日本なら下関から岡山位の距離、眠つて居る間に到着致します。しかし此の国では大変です。行きは三日帰りは七日かゝりました。しかも行きには二度も自動車が顚覆致しました。幸ひ私は怪我なしで御座いましたが同乗者の中には相当の怪我人も御座いました。帰りは雪と悪路の為め零下十五度の野外に野宿したり雪に埋たり泥の中に没したりする自動車の掘出し人夫までしながら七日もかかつて帰り着きました。アフガンの旅は命がけの旅です。でも至つて健全で御座いますから御安心下さいませ。

カブールはペルシャ語で御座いますが田舎へ行くと全部アフガン語です。ですから田舎では殆んど話が通じません。アフガン語と云ふ自分の言葉を持ちながら国によつて定められた国語がペルシャ語であることは異様に感じられます。しかしこれも追々にはアフガン語に改められる由です。

田舎へ行きますと小麦のパンと羊の肉、鳥の肉乃至羊の脂丈で生きて居ります。蔬菜を殆んど食べません。これには全く閉口致します。（略）

ではどうぞ御体御大切に。色々と別々にお手紙を頂戴して居りますが此の一本で御許し下さいませ。

三雄

＊　＊　＊

（略）今年の日本の冬は如何で御座いませうか。アフガンは今年は大変に雪が沢山降りました。此の二、三日暖かいと思ふておりましたら昨日二月二十三日の夜から又降り出しまして今朝は一尺位もつもりました。まだ盛んに降つております。

主人は去年の暮から出張しておりまして一月一ぱいには帰る筈で御座いましたのになか〳〵帰つてまゐりませんでした。雪が多くて道が通れないで手紙もまゐりませんで心配しておりましたらば二月四日に電報が来ましてまだ雪があつてだめとの事で今年ほど雪がのろはしい事はありませんでした。それでも毎日〳〵待つておりまして紀元節にも私一人で拝賀式へまゐりました。何があつてもちつとも面白く御座いませんでした。

そして後一日で五十日と云ふ二月十三日の夕方帰つてまゐりました。丁度出発しましてより四十九日目に帰りました。ちつともつかれも出ないらしく元気で帰つてまゐりました。私が待つて居た様に向ふでもずい分むりをして出発して一週間目にカブールへ着いた様な事で御座いました。道のよい時で御座いましたらば二日もあれば行ける処で御座いますのに過ぎて見れば何んでも御座いませんでしたが五十日一人で留守を知らない国でするなんて長い〳〵日で御座いました。それでももう一ヶ年も居りまして言葉も少しは分つてまゐりましたのでボーイと二人でもちつとも不自由もしないで過しました。朝と昼とは宅の方で御飯を食べまして夕食はボーイに相沢様の方へ持つて行かせて一緒に戴きまして一日〳〵も割合に早く過ぎました。私も心配して淋しくても家におりましたのでカブールは何と申しても首都で御座いますので活動も行きましたが主人の方はほんとうの田舎で御座いますので羊の肉ばかりでアフガンの土間の家にゴロ〳〵毎日ねて来たので御座います。

行きます時は自動車が二度もひつくり返つたそうで御座いますがちつともけがは御座いませんでした。一緒に行きました人の中には少しはけがをした方があるそうですが、アフガンは砂漠で御座いまして木も何も御座いませんためで御座いませう。帰りまして昨日で十日に成ります。やう〳〵落付いてまゐりました様です。

カンダハルへは日本人は土木の方二人居られますので私もいくらか安心致しておりました。それに主人はペルシヤ語がよく出来ますので言葉の不自由は少なかつた事と思ひますが此処はカブールより寸時でも出ますとアフガン語と言ふのでないとなか〳〵通じません。土地の人同志でも分らない様で御座います。無事に帰つてまゐりましたのでほんとうに安心致しました。お手紙も書かう〳〵と思ひながらも今日か〳〵と帰つてからと思ひつひおそく成りました。（略）

ではさようなら。

鈴子

三月二十二日

（略）カブールは大分暖かく成つてまゐりまして平地にはほとんど雪は御座いませんが山はまだ〳〵スキーが出来ます。でも日当りいい処ではタンポポが咲き始めました。ほんとうに此処の気候は変り易く御座います。急に暖かく成つたと思ふておりますと今日は又寒むく成つてまゐりまして山は雪で平地は雨が降りましてストーブが恋しく成りました。

主人の方もだん〳〵いそがしく成りましてお休み日も仕事に出ます。今日はアフガニスタンの一月一日で御座いましてお役所もお店も皆休みで御座います。午前中だけは仕事に出まして午後は休みました。日本におります時よりか元気で御座います。まつ黒く顔が成りまして黒光とでも申しませうかほんとうに丈夫で御座います。公使館の方々はよく御病気で日本へ帰られますが在

留人の方々は皆様お元気です。（略）
前に書くのをわすれましたが松の実は其のまま指先で皮を取りまして食べます。外のは一寸洗つてフライパン等で一寸いります。そして塩水を作つて其の中なべの中へ一寸入れまして塩味を付けて日本の落花生の様にして食べますとおいしく戴けます。塩水でなくても塩だけでもよろしく御座います。此処ではお菓子に入れたり御飯の中へ入れて食べます。（略）
今日はこれにて失礼致します。皆様どうかお達者でお暮し下さいませ。さようなら。
カブールにて　鈴子

四月十二日

（略）度々色々と送つて戴きましてほんとうに有難ふ御座います。もう日本は桜の盛りの事と思ひます。

カブールでも二、三日前よりアンズの花が咲き始めましてほんとうに美しく御座います。やなぎもやうやく芽を出しまして急に春らしく成つてまゐりました。此の一ヶ月位が此処での一番美しい時で御座います。此の金曜日には日本人全部で花見に行くつもりで御座いますが山にはまつ白に雪が御座いまして其の下での花見なんて一寸見られません。今年は雪が多く御座いましたのでカブール川も赤い水が一ぱい流れております。アフガンでも一年中水はニゴッておりますが今は日本の大水の時の様で御座います。
今年の夏は水が多くて主人の方も畠もい丶事とよろこんでおります。昨今は主にツギ木をしております。助手も今年は九人と成りましてその人達を使ふのも大変で御座いませう。（略）
日本人の方も大分多く成りましたが土木の方々は皆様地方へ出ておられましてカブールには居られません。公使館の方で奥様のある方が去年の秋来られましたがお病気で先月日本へお帰りに成りましたので今は淋しく成つております。（略）
今日はこれで失礼致します。皆様どうかお達者でお暮し下さいませ。さようなら。

カブール　鈴子

五月二十二日

（略）もうすつかりカブールも夏と成つてまゐりまして五月の初め頃より夏服一枚着ております。日中外では日本の真夏の様におあつく御座いますが家の中におりますれば割合に涼しく御座います。（略）
去る四月二十九日の天長節にはレセプションが御座いました。昨年よりか大がかりに致しました。日本式にしたいとのお話しで桜の花を作りまして大木へつけまして根元へは白赤のまくを張りましてとてもよく出来ました。お客様は二百人位で御座いました。日本人の女は日本服を着まして外人からきれいだと言はれました。私は去年東京で作りました桜の花模様のを着ました。写真でも撮り度いと思ふておりましたがいそがしくてそれも出来ませんでした。

アフガンでも来る五月二十七日から独立記念祭が一週間程御座います。去年は八月で御座いましたがあまりあついので今年から早く成りました。その仕度を方々でしておりましたら電気がもれたので御座いませう。アフガン一の大きなバザーが全部火事になりまして焼けてしまひました。二階に私の主人の事務所が御座いまして政府から戴いた色々の道具が御座いましたが薬品も沢山御座いましたが何一つ残らず皆焼けてしまひました。私共品物は何にも焼けませんでした。一番大きな店だけありまして敷物や毛皮等沢山ありましたのが皆なく成りました。お祭り迄元通りに成るそうで今修繕をいそいでしております。土の家でも焼けるなんてかんがへられませんが一度に焼けないでかべの中がいつ迄も〳〵もえております。此処の人は火を祖末に致します。ボーイ等でも火のある灰等まどから平気で捨てております。それでも火事と言ふ話は今の店が初めてで御座います。土の家のためで御座いませう。

主人の方も毎日〳〵まつ黒と成りましてはたらいております。日本に居れば役所へ行けばよろしかつたのにまるで土百姓の仕事をしております。此んな処迄来て百姓する位なら日本へ帰つて内の田を作る方がよほどたのしみに成ります。私も視て居てほんとうに気の毒と思ひます。

早く日本へ帰る日をたのしみに致しております。後一年と二、三ヶ月と成りました。来年の九月七日で契約が切れます。私共がカブールへ着いた時かと思ひましたが公使のサインされた日だそうです。二ヶ月早く帰れる様に成りました。ヨーロッパを廻つて帰りましても来年の暮迄には日本へ着けます。もう一度お正月を迎へればよろしく成りました。毎日〳〵帰る日ばかりかぞへております。（略）

では今日はこれで失礼致します。さようなら。

カブールにて　鈴子

七月七日

（略）日本は今頃はおいそがしい事と思ひます。お母様にはお気の毒でなりません。こんな外国へ来て居るよりか日本に居られる方がよろしゆふ御座います。いくら金はあつても買ふ物はなし食べ物がないのが一番こまります。今はそれでも野菜が色々と出て来ましたし果物もアンズ、ブドウ、メロンも大分出てまゐりましたので少しはよくなりました。（略）

六月十六日から十一日間カンダハルと言ふ主人が冬行きました処へ又出張しましたので私も一緒にまゐりました。初めからあつい処とは知つておりましたがあれだけ暑いとは存じませんでした。途中インドあたりよりか沙漠が近くにありますし海もありませんので長く居れば私なんか病気に成つてしまひそうで御座います。生れて初めての暑さでした。日中外へなんか一寸でも出ればば目なんか開けておれません。家の中も外も同じ程暑いので何処の家でも地下室が出来ておりまして食事が終ればすぐと下へおりて一日中日中は地下で過します。便所なんか一寸でも出れば汗と申しましても油で御座います。一日中水をのんでばかり居ないと水分がなく成つてしまひます。素焼のツボに入れて水をつめたくします。不思議に氷水の様になつております。

カブールより自動車で二十時間程かゝります。日本人の方は土木の方が三人おられますので其の宅へおりました。主人は綿の畠に虫が出たとかで出張しましたが暑くてあまり仕事も出来ませんでした。二人共少し体を悪るくしまして何にも食べられないでこまりました。

帰りは午前三時に出まして其の日十一時頃無事ホテルに入りましたが日中は暑くて自動車がパンクしますので夜の内に旅行します。翌日午前六時に出まして行きは三時間でガズニと言ふ処から着きましたので安心しておりましたら一時間も行きましたらパンクしましてもうカブールからタイヤを取らなくては行かれなく成りました。人家はほとんどない道の中で暑くは成るしどうにも仕方ないので遠くの方に人家が丁度ありましたので其処迄あるいて行つて木かげで休んでおりました。

夕方迄待たなくてはといはれまして待つておりましたらローリーと申します貨物と両方の車がまゐりましてやつと安心致しましたが、又々駄目に成りまして次の車が来ましたのでそれでやつとガズニと申す処迄来ました。朝六時に出て十二時頃はカブール着の予定でしたのに帰れないでガズニに宿りました。午後八時頃で十四時間もかかりました。翌日八時に発つて六時間かゝつて午後二時頃着きました。皆様からヤセタと言はれました。途中だつてお茶だけで夕食だけとり肉御飯パラオと申しますのを食べました。内へ帰つても今日で十日以上に成りますがやうやくと頭がはつきり致しました。カンダハルへ行つた人は皆病気に成りますので私も心配で成りませんでしたが今の処元の様に元気に成りまして昨日は主人のシャツ一枚縫ひました。マラリヤ病にならない様にキニーネをのみましたので大丈夫と思ひます。カブールは暑う御座いますがぜいたくだと思ひます。此れでアフガンの北と昨年バミアンへ行つて南は視たわけで御座います。ロシヤの国境の方マザリシャリーフの方へは日本人は行かれないそうで御座います。

大変長く成りまして又此の次に致しませう。さようなら。（略）

鈴子

八月三日

（略）七月一日附のお手紙三十一日に落手致しました。どなたもお変り無く洵《まこと》に結構に存じ殆んど三分の二を了へました。残り一年で懐しい皆様のお顔が見られると思へば仕事にも励みが出ます。

おぢい様もお達者で喜ばしく存じます。色々と詳しくお国のことなどお知らせ下さいまして有難ふ御座いました。日本に帰つたならば何も彼もすつかり変つて居ることと思ひます。私などは丸で田舎者になつてしまひますでしよう。

朝夕は涼しくても日中の暑いこととても日本では考へもつかないことで御座います。従つて仕事の出来る時間は早朝と夕方の僅の間丈です。人夫に除草させます。日本人の五分の一も出来ません。例へば葡萄でも一人で一日十本から十五本位の能率です。出光さんも後四、五日でカブールに到着されることと存じます。これで農林省が四人になります。今在留民は公使館男八人女三人民間男八人女五人子供二人計二十六人で御座います。

此の国の農業で一番困ることは水のないことと日照の強いことと土が粘土の重いものであることで御座います。農業の小作制度もなか〳〵日本と異つた面白いもので御座います。少し宛《ずつ》調査を始めて居ります。柘榴が一本でも芽が出て宜しゆう御座いました。大きくなることを祈つて居ります。ボツ〳〵葡萄、メロンの時期に入ります。近ければ御馳走致しますけれども。長い〳〵無雨の為に土地はガラ〳〵に乾き風が吹き塵風で息も出来ない位になります。それで眼病の多いのには一寸驚きます。

日本と支那と戦つて居る様で御座いますね。此の国でも大評判で御座います。

此の国でも今政府軍と一民族軍（略《ほぼ》政府軍と同一位の戦闘力を持つて居ります一種族です。勿論此の国民で嘗て十世紀頃に王朝を立て居つた民族です）とが大合戦をして居ります。ことによるとカブールもその戦場となるかも知れません。そんなことのない様に祈つて居ります。一九三七年は世界の危機と申し得ませう。ロシヤの内訌、スペインの革命、世界と云ふものは結局文明によつて作られると共に亡ぼされるものと考へられます。人心も総てのものに満足感と云ふものを失つてしまひました。只足らぬ〳〵と焦慮しつつ時日を過して行つて居ります。そこへ行くと此の国は不足の甚しさにもう諦めて立つ気力も失ひ却つて一種の安心立命を得て居ります。従つて一切の世論と云ふものを持ちません。国内の此の危機に第三者の様な態度で内訌を眺めて居ります。

又後便で。ではどうか御体を御大切に。さようなら。

三雄

八月五日

(略) 日本の夏は今年は如何で御座いますか。アフガンはずい分お暑く成りました。昨年は汗が出なかつたのに今年は少しニジミます。でも日本の様に流れる様な事は御座いません。朝夕はほんとに涼しくて、秋の様で御座います。

新聞にはまだ書いてありませんがボンベイよりの通知によりますと日支が戦つておる様子で御座いますが大した事がなければと思ふております。アフガンでは今政府軍と土民軍とで戦つております。毎日〳〵ローリーと申します貨物自動車で兵が行きます。南の方のカンダハルとカブールの間位の処だそうで御座います。此の一週間の間が一番あぶないそうで御座いますが新聞では終つたなど書いております。政府軍がまければ私共はどうなるか分りません。カブールへでも来れば去年も今頃ありまして二度か荷物作りを致しましたが今年も少し必要な物はトランクへつめておいた方がよろしいだらうと思ひますがまだ何にも仕度はしてはおりません。これも早く終つてくれゝばと思ひます。此の手紙の着く頃には、私共はどこかへにげて居るかそれとも何んでもなく平気でおるかどちらかと思つております。そんな時には公使館が近くにありますので其処へ行けば安全で御座いますのでちつとも心配は致しません。皆様も御安心下さいませ。（略）

昨日は主人の仕事場のビニヒサールと言ふ、お庭が馬車で四十分位で行ける処へボーイをつれまして、助手が八人おりますので其処でお料理をボーイにさせまして、おひる食を戴きました。一面アンズの木の林で其の下は涼しくて一日中私は遊んでまゐりました。日本の大根とか葉とかカボチャが沢山植へてありまして、カボチャはもう七ツばかり取つて帰りました。日本人の皆様大よろこびで御座いました。お母様は毎日田の草取りがおいそがしい事と思ひます。どうかおむりを遊ばしません様におねがひ致します。皆様もお大事にお暮し下さいませ。さようなら。

アフガン・カブール　鈴子

八月十四日

（略）アフガンより日本へ六人の留学生が去年の一月に行きましたが出光様と御一緒に皆帰つて来ました。夏休みで帰つた様子で御座いますが又行くかどうか分りません。丸三ヶ年の約束で初めは出掛けましたが二、三日前日本公使館でお茶の会がありまして私共はまゐりませんでしたが英語もペルシャ語も一切用ひないで日本語を話されたそうです。顔さへ視なければ日本人と間違へる様だとの事でした。日本へ出かける迄は日本はアフガンと同じ位に考んがへて居たのでせう。東京はとても大きくて人が一ぱいで食べる物はおいしくて果物野菜が一ぱいあると言ふて皆に話すそうで御座います。日本のオスシが大臣の子供さんはすきだそうで御座います。又日本へ行き度いとの事ですから其の内又行く様になるかも分りません。一番こまるのは日本の学校は学科が多くて仕事が多いのと日本の字がむづかしいので少々こまつておる様子で御座います。

日支の問題は公使館へ武官のお宅より色々と様子が分ります。上海なんかあれだけの日本人の方々はどうして居られるか知らと思ひます。遠くてもアフガンにおれば日本人だけがあぶないと言ふ事は御座いませんし上海あたりは日本人は殺されるのではあぶなくて大きな店なんか持つて居られる方はお気の毒です。

そう言ふ私共も今一番あぶない時です。此んな事を書くと着かないかも知れませんが（略）

方々で戦争をしております。此の度はカブール迄も来るかも分らないと皆がさう申しまして土地の人も落付きません。それをかくすためか毎日近衛の歩兵が二、三回も通ります。毎日〳〵ローリーで兵をはこんでおります。私共も上海の事どころでは御座いません。じつとしておればよろしいと武官は申されます。通知するからと荷物だけは用意しております。私の家は町の一番はづれで工場がありますので心配です。でもけしてお心配には及びません。外人も沢山おりますし公使館もありますので安心しております。

唯今武官の処より上海のニュースがまゐりました。上海も大変な事に成つた様子で御座いますがあまりひどく成らない様にいのつております。（略）

カブールも七月一ぱいは暑くて汗が出ましたが八月に入つて朝夕は寒むくて上に何か着ないとおられません。雨は六月から一度もありません。毎日カラ〳〵して汗なんか出ません。とてもらくに成りました。来年の今頃はどんなか知らと一人で思つてはみます。

どうか皆様御大事に。さようなら。

カブール市　鈴子

九月四日

（略）出光君も八月の初にカブールに到着致しました。これで農業関係者が四人となりました。

心強く思ひます。日本人が全部で三十人となりました。

暑い七月もすぎ八月から秋に入りもう随分と涼しくなりました。学校の夏休みは七月にあります。お国も此の手紙のつく頃はもう秋の真盛りと存じます。

今こちらはおいしいメロンと葡萄の盛りで御座います。近ければお送り致しますものをと残念に存じます。おいしいのでつい食べ過ごしてしまひます。

日支間の紛争も相当激烈で御座いますね。公使館の電報やラヂヲニュースで毎日事情の一端を知つて居ります。日本は国を挙げて一致之れに当つて居ることと存ぜられます。私共も十五留比《ルピー》(約二十円)の献金を致しました。国内は大変なことだろうと存じます。

阿国の内乱も今に鎮定致しません。日本と異つて世論が御座いません。自国内のことでありながらまるで他人のことにしか考へて居りません。之れは国の歴史と国民性が然らしむるものと存じます。今の処私共の身辺には何の危険も近づいて来る模様はない様に思はれます。カブールは現地から遠く離れて居りますので平静で御座います。色々と詳しく事情を申し上げれば国情なども充分御了解出来ると存じますがそうしたことは出来ないことになつて居りますからお許し下さいませ。

昨年二月に日本に留学したアフガン学生六名が夏休を利用して帰つて参りました。七日に出発して再び日本に参ります。今度は四年の滞在だそうで御座います。とても日本語が達者で何の不自由もなく話して居ります。語学の下手なことは日本人の欠点で御座いますね。外の外人は皆上手で御座います。一方から云へば又日本人の長所であるかも知れません。何彼と只思ひつきを書きました。

どうか御体を御大切になし下さいませ。皆様の御健康を祈ります。

三雄

＊　＊　＊

（略）まだ日中はほんとうに暑くて真夏の様で御座いますが夜は大変涼しくて毛布は二枚位いります。雨がちつともありませんので五月以来ありませんのでカラ〳〵になつております。（略）

アフガンの学生夏休みで帰つておりましたが又日本へ行く事に成りました。いくら日本がよくても生れた処はやつぱりよいそうで御座います。今から四年留学だそうです。道で会つても日本語で話しかけられますとうれしくてなりません。私も二ヶ年もおりましたので少しは話せますが学生さんの様にはまゐりません。

今アフガンはメロンとブドウが盛りで御座います。皆様に食べさし度くて成りませんが送る事も出来ません。町を通りましてもプーンといいにほひが致します。主人の畠にも大分出来まして今助手達が六人ばかり集まつてしょく会をしております。雨がないので種をまいて実が出来る迄一度も雨に当りませんので面白い程コロリ〳〵と出来ております。種を日本へ持つて帰るつもりで御座いますが雨が多くて駄目で御座いませう。（略）

アフガンの戦争も今しばらく休んでおる様で御座います。日中はどこへか行つてしまつて夜に成ると出て来るのだそうで御座ゐます。カブール迄は来ないだろうからといふて安心しておりますが荷物だけは作つて用意しております。だん〳〵寒むく成つてまゐりますので終りに成る事と思ひますのでどうかお安心下さいませ。今日はこれで失礼致します。

皆様お達者でお暮しの事をおいのり致します。さようなら。

カブールにて　鈴子

九月十八日

お手紙有難ふ御座ゐました。

日支の衝突以来目まぐるしいお忙しさと存じます。遠い処に居ても何かと気に掛り立つても居ても居られない様な気が致します。何処に居ても其の与へられた途に専念することがお国の為だと思ひます。ぐづ〳〵しては居られない気が致します。日本の武運長久を祈ると共に皆様の御健康をお祈り致します。

十二月から小包郵便がきく様になります。そうすれば便利になると存じます。

今日はこれで失礼致します。

三雄

＊　＊　＊

（略）先日はお父様よりのお便りまことに有難ふ御座いました。おいそがしかつた事と存じます。重冨のお兄様もお出に成りましたそうで御座いまして徳光のお兄様よりもお通知が御座いましたがどこへ行かれたのかお分りに成りませんそうで御座いますとか。武官のお宅で聞いてみましたらば北支との事ですが其の後如何かと心配しております。

新聞やニュース等で視まして想像しておりますが大変で御座いましたでせう。村の若い方が皆さんお出に成りましたらお淋しく成りました事と思ひます。日本に居て此の様子が視たいと思ひます。大分涼しく成つてまゐりまして支那へ行つておられる方々も幾らかよく成りましたでせう。早く終ればよろしいがと思ひますがなか〳〵終りそうにも御座いません。外国へおりますと日本の言分と外国の方と両方聞かれますので割合にくわしく分ります。アフガンの戦争も此のまゝですんでしまひそうです。どうかお安心下さいませ。（略）

主人の方の仕事も野菜なんかも外国の上等品が少しは出来る様になりまして少しばかりでは御座いますが売上げがあります。日本品は日本人の方々で買ひます。今年は野菜には不自由は致しませんでした。

アフガン人の話では十二月より小包がきく様に成るとか申しておりますがそう成れば両方便利に成る事で御座いませう。送つて上げ度い品や送つて戴き度い物今からうれしくて成りません。

オサシミ迄は送つては下さいませんでせうけれども近い内に日本とドイツ間の定期の飛行機が飛ぶ様に成る様子です。そうしてアフガンのカブールへも着く様子です。日本より三日ドイツより二日で来るそうです。ドイツよりはすでに二台カブールへまゐりまして日本へ向けて出発しましたが行方が分からなく成りまして十日あまりに成ります。さがすために又二台来ております。日本よりも早く来ればよいと言ふて皆で待つております。そうなれば三日で日本へ帰れます。（略）

皆様どうかお達者でお過し下さいませ。さようなら。

カブールにて　鈴子

十一月十日

（略）もう十一月と成りましてアフガンも冬の姿と成つてまゐりました。もう高い山々は白く成つております。平地でも毎朝霜がおります。何も彼も青い物は紅葉となつてまゐりまして一日一日と灰色のながめになつて行きます。

日支事件で皆様おいそがしい事と思ひます。それにもう秋の取込みでおいそがしくなつてまゐりました事と思つております。それにお母様は山の方の仕事も御座いませうし私共は毎日遊んで居りまして少しでもお手伝でも出来ればと思ひますがこうして暮すのも務めで仕方御座いません。

でも早いもので御座いまして去る十一月六日で丸二年カブールで暮しました。相沢様お二人お客様に致しまして心ばかりのお祝ひを致しました。来年の九月七日で終りますので後丸十ヶ月足らずで日本へ帰る事が出来ます。主人はヨーロッパへ廻つて帰りますが私はどうするか今の処分りません。一人だけ先に帰つてお土産でも沢山持つて皆様と二、三ヶ月暮し度いとも思ひます。来年に成らないとちつとも分りません。此の頃は帰る事ばかり話合つております。

去る十一月五日より一ヶ月間アフガンの回教徒はラマザン〔断食月〕と申しまして日中は食物を一切食べないで日暮にはドンがなります。そしたら幾らでも食べられます。朝は五時頃にやはりドンがなりましてそれ以後は水も飲んではなりません。おいのりばかりしております。それが始まりまして町をあるく人でも皆ぼんやりしております。私共外人は日中でも食べますがパンなんか買ふのがありません。ボーイなんかも午前中は割に働きますが午後になりますとグッタリ致しまして何にも致しません。夕方なんか三時頃夕食の御飯を作つて帰つてしまひます。そして私の事をアフガン語でハーナムサヘブと申しましてハーナムサヘブが自分でやれと申します。どちらが使用人か分りません。かはいそうですから早く帰しますが洗物は翌朝洗はしております。そんなに遊ばしておいてもラマザンが終れば三日間お金をやつて遊ばせなくてはなりません。

十月の末にアフガンの結婚式へ初めてよばれました。主人の助手をして居る人が式を致しました。お客は午後四時頃集まります。家へ行つて待つております。助手の家では四ヶ所にお客が来ておると申しておりました。一ヶ所は近い親類と外に女の客と近所の人といふ風に皆外の室で致します。私達は男の方の親類の室へ行きました。日本の様に座ります。クツのまゝそしてお茶が出ます。日本茶、それが終つてアフガンの音楽が始まり三十分位で終り御馳走が出ます。パラオ（御飯と肉と一緒に煮たパラ〳〵スル御飯）とヂャガ芋の丸煮と羊肉。ホーレン草と羊肉、豆と羊肉と果物の煮物と四皿位出ます。それを右手でつかんで食べます。それが終つて又音楽が始まりお茶が出てそれが終れば十一時頃になります。

其の間、私は女の部屋へ行きました。外人でも女同志ならば視てもよろしいのです。入口迄男の案内人が着いて行きますが後はおむこさんと二人で行きました。むこさんでも女、花嫁も視られませんが私のために行つてくれました。女が多ぜいでタイコをたたいておどつておりました。

花嫁はまだ十二とかでほんとうに子供で頭からスッポリ布をかぶり其の下へうすいベールを顔迄かけております。座つてだれも視られないのですが私だけにまくつて視せてくれました。洋服を着ておしろいを付けて紅を付けておりますがほんとうにかはいいお嫁さんでした。むこさんはまだ一度も視ないのだそうです。きめる時でもお母さんだけ視てきめるのだそうです。むこさんは私に通訳をしてくれるので入つておりますが手で顔をかくして外の女の方を視えない様に下を向いておりおります。

それがすんでむこさんの式が始まります。男の席で嫁さんがお土産としてむこさんの着物、ボーシ、クツ等を男客の前で初めおいのりをして後ボウサンが着せます。そして皆でむこさんの頭の上に砂糖豆をふりかけます。そして右手の親指と小指をしばつてしまひます。それは翌朝迄取つてはいけないそうです。それが終れば嫁さんも同じ事をするのだそうです。その式が終れば初めて嫁さんと二人きりに成り顔を視られるわけです。お客様は皆、朝迄とまるのです。私共は帰りましたが翌日の夕方嫁さんが気に入ればお金の取引が親の間で始まります。初めに此の娘は五百とか千とかきめてありますのでそれを出す訳です。それが終れば其の翌日お客様が又来てお祝品を出します。皆砂糖を持つて行きます。そしておひる食を御馳走になつて帰るのだそうです。此処におれば男の人は女の顔を視る事は出来ませんが私共女はよく視る事が出来ます。主人なんかまだ女を視た事がないと申しております。今日はこれで失礼致します。さようなら。　鈴子

十一月二十七日

（略）カブールは未だ雪は降りませんが附近の山はもう真白で御座います。お正月頃にはスキーも出来ると思ひます。今年は孟買《ボンベイ》からお餅を取りましたので雑煮が祝へます。

上海、南京の陥落も近い様で御座いますね。国内挙つてと思ひますが父上様も夜もなくお忙しいことと存じます。外国に居ると日本に対する外国人の批評が色々と聞かれます。日本を見違て居るのも相当ありますが又他山の石として耳を傾けさせられるものもあります。総て自分を離れて自分を見直すことは大変大切なことで御座いますね。秋の収穫も宜しかつたそうで御座いまして結構で御座いました。でも物価も随分騰貴したことで御座いませう。

では今日はこれで失礼致します。どうか御体御大切に。（略）さよなら。

三雄

＊　＊　＊

（略）日支事件も大分進んでまゐりました様子で御座います。アフガンの新聞も初めの内は支那の事をよく書いたりしておりましたが此の頃では日本の勝つた事ばかり出ております。先日は今年中に南京に入城してお正月のお祝も其処でするであらうなんて出ておりましたそうです。早いもので今年も後四十日ばかりと成つてまゐりました。私共後九ヶ月致しますと日本へ帰つて皆様お目にかかれます。今迄はまだ〳〵先長い事だとあきらめておりましたが皆様からもうすぐですねなんて申されますので此方もたまらなく帰り度く成ります。（略）

日本もずい分とお寒むく成つてまゐりました事でせう。カブールも朝はストーブをたいております。まだ地上へは雪は御座いませんが山々は白く成つております。台所の流しには氷が毎朝はつております。此の手紙の着きますのは十二月の末頃かそれとも来年と成りますか。（略）

どうか皆様お達者でお暮しの様おいのり致します。

先日手紙の中へ松の実を少しばかり入れてありましたが着きましたか知ら。生のままですからお植へ下さいませ。

さようなら。

鈴子

十二月十九日

（略）新聞も度々有難ふ御座いました。一時、船の都合で一ヶ月分も一緒に来たりしておりましたが日支事件も大分片付いたので御座いませう、此の頃早く来る様になりました。今十一月十四日迄来ております。新聞がまゐりますと二人で仕事はそつちのけにして読みます。此の前の時はお父様のお手紙が二通一緒と新聞一ヶ月分と婦人クラブが来まして二、三日何も仕事しないで読みました。

去る十四日に南京もいよ〳〵落ちましたそうで御座いましてほんとうにお目出度御座います。アフガン人や外人に会つてもいばつて居ります。戦争して居られる兵隊さんはほんとうに御苦労で御座いました。落ちたとだけで其の後の様子はちつとも分りません。

南京空爆の時其の日一度に九十台の飛行機が行つたとかアフガンの新聞に出ておりました。アフガン人はびつくり致しておりました。其の筈です。飛行機なんて飛べるのは三台しかありません。活動のニュース等視たらさぞびつくり致す事でありませう。（略）

私共は食物は不自由でも丈夫で居りますので其の日〳〵をたのしく暮す事が出来ます。主人は此の冬はカブールで温床を作りまして豆類を作つておる様子で御座います。芽が出る迄は私の内のコタツの中へ入れております。今は試験中で御座いまして出来るかどうか分りませんがよく出

来てくる様いのつております。（略）
今年はこれで失礼致します。どうか新しいよい年をお迎へ遊ばしませ。さようなら。
カブール市　鈴子

◉一九三八年（昭和十三年）

一月六日

（略）今年のお正月はボンベイより色々と食料品を取り寄せましてゐ、お正月を致しました。暮におトウフを作りまして二人で一心で作りましたら大変よく出来ましてオカラも出ましたし日本へ帰つた様にうれしく御座いました。おもちもかんづめがありまして一日の朝はお祝ひ致しました。九時半より公使館で拝賀式が御座いました。式後在留民全部へ御馳走が出ました。オトソも出まして、純日本料理で皆で大よろこびして戴きました。夕食も戴き十時頃帰りました。印東様も印度へ行かれ、鈴木様も日本へ帰られ武官室もなくなり淋しく御座いましたが面白い一日を送りました。私共はアフガンへまゐりまして三回目のお正月で御座いまして在留民中では一番ふる者になりました。公使も二月の初めには帰国されてペルー国へ行かれます。私共も後八ヶ月で契約も切れます。早いもので四年目で御座います。主人は今年中に日本へ着くかどうか分りませんが私だけは十月一ぱいには皆様にお目にかゝれる事と思ひます。お土産品も大分あつまりまして一日〳〵がほんとうにうれしくてなりません。

カブールは今一番寒い時で御座いますが今年は雪が平地にあまり降りません。初雪は十二月四日で御座いまして去年より早く三寸位積りましたので多く降るだらうと思ふておりましたが降りません。寒むさは零下十度以上にもなりませう。家の中へそれもコタツのある室にトウフを入れておきましたらば氷つてしまひました。金物を持ちますと手が付いてしまひます。此の二、三日夜もねむれませんでした。今迄湯タンポを入れた事は御座いませんでしたが今日で三日入れます。日本も今頃はお寒むい事と思ひます。支那へ行つて居られる兵たいさんもお寒むい事で御座いませう。（略）

では今日はこれで失礼致します。皆様お達者でお暮し下さいませ。（略）さようなら。　鈴子

二月十四日

（略）昨十一日は公使館で式が御座いました。公使は印度へ女中さんが日本へ帰られるので二

月八日に出発されまして御留守で御座いましたが在留民十五人で午前十一時より式を始めまして午後十時頃迄面白く遊びました。丁度十日より三日間アフガンでも宗教上のおまつりが御座いまして今日もお休みで御座います。去年も申し上げました様に羊の血を家の門に付けまして肉はお客に出したりまづしい人に分けてやつたり致します。

今年は二月に入りまして雪が多くて一日おき位には降ります。昨夜より降り出したのが今朝もまだ降り続いております。ボーイの話では一尺位はあるとの事です。こんなに雪が多いもので百姓よりの品物や羊がカブールへまゐりませんのでだん〳〵高く成つてまゐります。羊なんか今年のお祭には一頭六、七十アフガニーも致す様で御座います。いつもの年で一頭二十アフガニー位なのが三ばいの値に成りました。私共肉がほしいと思ひましても朝六時頃殺すのを待つて買はなければありません。寒むさも今月一ぱいで暖かく成る事と思ひます。（略）

此の頃は公使の送別会ばかりで度々私共も御馳走に成ります。食物もカブール産に少しはなれてまいりましたが、日本食を戴くと又まづく成ります。ボンベイよりシイタケ、カンピョウ等取り寄せまして御目ずしをよく作ります。冬の間はペシャワルより魚がまゐりますが暑いカラチで取れまして氷づめと成つてまゐりますので、日本の様な美味な物では御座いません。日本へ帰つてから沢山食べませう。後わづかと成りましたので出来るだけがまんしております。日本より持つて来ました物が少く成りますのがたのしみです。皆様より一人〳〵お便り下さいましたが一緒に書きました。どうかお許し下さいませ。（略）

主人は今相沢様と家の前の田の中でスキーを盛んにやつております。家から視ておりますと向ひ側のカブール川の土手でアフガンの子供達が黒山の様に成つて視ております。此処にはそんな物はないのでめづらしいので御座いませう。方々の家々では屋根の雪かきでにぎはひます。屋根も土で出来ておりますので早く取らないとくづれてしまひます。此の手紙が着く頃には日本は桜もそろ〳〵ほころび始める頃で御座いませう。後半年が待遠くてなりません。（略）
今日はこれで失礼致します。皆様御身御大切に遊ばしませ。さようなら。

カブールにて　鈴子

三月十五日

（略）カブールも三月に入りまして急に暖かく成つてまゐりました。今迄寒むさがきびしいので青い物はまだ視えませんが四月の初めにも成れば一時に花も咲き木の芽も出ます。来年の春には日本で桜見物が出来ます。毎日〳〵皆様に御目もじする日が近づいてまゐります。カブールも後百五十日ばかり致しますとおしまひに成ります。九月七日ですみますので八日頃出発して印度を約一ヶ月程見物致度いと思ひます。そして私だけ十月初めの船で日本へ帰ります。今は途中どこへも日本の船はとまりませんそうですので十一月初めには日本へ着く事と思ひます。主人は印度よりペルシャへまゐりましてからエジプトと廻りドイツ、フランス、英国米国と廻る様子です。来年の二月頃日本へ帰ります。（略）

先日三井物産の代りの方がお見えに成りまして又にぎやかと成りました。北田公使はまだカブールに居られますが後の公使はきまりました。満州国の参事官の森谷とか云ふ方だそうで御座います。私共は知らないのにアフガンの新聞には出ておりました。日支事件もあまり此の頃は出なくなりました。三月末の新聞に台湾と長崎へ支那軍の飛行機の空襲の事が出ておりました。飛行場で飛行機四十台もこはれたとか書いてあつたそうです。公使館よりの通知ではそんな事は書いてはありませんでした。外人の人は大きく書くので御座いませう。ほんとうに早く片付いてくれゝばといのつております。

四、五日前アフガンのハガキが初めて買へまして主人がおぢい様に出しましたが着きましたか知ら。今日はこれで失礼致します。（略）さようなら。

鈴子

四月二日

其の後御無沙汰致しました。皆様にはお変り御座いませんか。お蔭様で私共も恙なく暮して居ります。

毎度、新聞有難ふ御座いますす。北支中支の戦況も進捗して居る模様で御座いますね。日本国内は緊張して居ることと存じます。戦地にある皆々様のお骨折は尠からざることと存じます。又内地に止つて居られる方々とても安閑としては居られぬことと存じます。

外国に居ると此の度の事変が外国人に如何に考へられて居るかがよく判ります。又身に応へて参ります。でも私共は日本人に生れたことを感謝して居ります。九月上旬任期終了と共に約五ヶ月の予定で欧米を廻つて帰り度いと思つて居ります。かゝる時節柄役所から旅費が出るかどうか一寸不安で御座いますが役所から出なくても一通りは廻つて帰り度いと思つて居ります。

お祖父様の御壮健であらんことをお祈り致します。

三雄

＊　＊　＊

(略) カブールは今年雪が三月末まで降りまして四月へ入りまして急に暖かくなつてまゐりました。処々に青い物が視えてまゐりました。後十日も致しますとアンズの花が咲いて来る事と思ひます。今は雪どけでカブール川は大水が出て来ました。お天気のよい日に毎日水が多く成つてまゐります。大洪水の用意を兵たいの方でしております。カブールの町へでも水が入れば土の家なのでみんなくづれてしまひませうし土手のひくい処へは砂の袋を沢山積んであります。戦争のバリケートかと初めはびつくり致しました。(略)

今日はこれで失礼致します。どうか皆様御達者でお暮し遊ばします様御いのり致しております。

さようなら。

カブール市　鈴子

四月二十日

（略）カブールももう初夏の様で御座います。アンズの花もすみまして今リンゴ、ナシの花盛りで御座います。先日十五日の金曜日に日本人全部でピクニックを致しました。毎年同じイスタリーフといふ処へまゐりました。もうこれで最後の花見と思へばうれしくてなりませんでした。アフガンの大臣方も見えて外人も多数行きまして大変にぎはひました。

夕方七時より公使館の洋食の御馳走が出まして一日中面白く過しました。公使が居られないので皆気兼なしでよろしく御座いました。

主人は毎日〳〵種まきが始まりましていそがしく御座います。今温床でキウリ、カボチャ茄子トマト等のなへが出来ております。今小麦の試験を致しております。これから植付けるので御座いませう。これも出来上る迄は私共はおりませんので出光様と一緒に作つております。近い内にカンダハールへも行つて植へる様子で御座いますが此の度は私は留守番致します。二十日位だそうで御座いますから留守には印東様のお子様（九才の女の子供）が来るといふて待つておられます。自動車の用意が出来次第出発すると申しておりますが出来ますかどうか分りません。

（略）どうか皆様御達者でお暮し下さいませ。さようなら。

アフガニスタン国カブール市にて　鈴子

五月十九日

（略）日本は今頃は晩春の頃と思ひます。もう田の方も仕事が始まりましたでせう。アフガンは真夏です。日中は暑い〳〵で半袖の洋服でおります。此れから九月一ぱい夏ですもの長くてこまります。八月頃より今の方が暑い様です。日中家外で温度百何度とかあるそうです。家の中に居ればそれ程でもありませんが雨季も過ぎまして五月へ入り一度も雨は降りません。畑なんか灰の様な土になりますので三日に一度位水を入れております。まるで池の様にします。日本では一寸かんがへられません。

カブールは後一週間で独立記念祭が行はれますので用意が大変です。此の国では何でも彼でも此の祭りのために出来ております。兵隊でも飛行機でもそうです。朝からやかましくてこまります。日頃はちつともしないのに今は教練を盛んに行ひます。

いよ〳〵帰国も近づいて来ます。今月後十日過ぎれば丸三ヶ月となります。何だかうれしいやら心配やらです。ペシャワルではコレラが流行しておるそうですし印度の見物が大変だらうと思ひますが切角来たのですし一ヶ月位見物し度いと存じます。義雄さんに毎度すみませんがもしチブスの薬が手に入りましたら今年も又おねがひ致し度う御座います。旅行するのに心配ですから。ホウソウの方は十日位前にして戴きました。もし御座いましたらばお願ひ致します。

代理公使に成つて毎週金曜には正午御馳走がありますので着物にはこまりまして此の頃は洋裁ばかりで一日中過しております。去年よりか少しは上手になりましたよ。新公使は去る五月三日門司出船の丹後丸で出発され今月末ボンベイへ着かれます。今よりは少し気兼ねに成りませう。奥様御同伴との事です。にぎやかには成ります。今年の天長節は事変のためレセプションは御座いませんでしたが日本人全部で食べたり遊んだりで一日中、面白く過しました。アフガンへ着いて初めて夏の紋付を着ました。今日はこれで失礼します。

皆様どうかお達者でお暮し下さい。さようなら。

カブールにて　鈴子

六月四日

（略）カブールは毎日〳〵暑い〳〵でおります。此の暑さも七月一ぱいすれば少しは楽になるかと待つております。でも朝夕は寒むい位で御座いますので暑さも少しはしのぎやすく御座います。

先月二十七日より始まりましたジャシン（独立記念祭）も昨日で終りました。去年は戦争が御座いまして淋しく御座いましたが今年は大分にぎやかで御座いました。それでも今年はコレラが流行しておりまして気持は去年よりいやで御座いました。まだカブールにはない様で御座いますがペシャワルでは幾百人とか死んでおる様子で御座います。私共も先日一回目の注射を受けまして昨日二回目を致しまして主人なんか今日は少し具合が悪るい様子で仕事を休んでおります。私は一回の時も何んとも御座いませんし二回目もなんとも御座いません。外の方は大分熱を出して休んでおられる様子で御座いました。チブスよりか体によけいこたへる様で御座います。こんな所におりますと何や彼と心配事も御座います。食べ物だけは一そう気を付けております。生のものは全部薬につけて消毒して用ひております。アンズもそろ〳〵出ましたがまだ一度も食べません。一度食べるとやめられぬ程おいしく御座いますが後三ヶ月となりましたので一そう気を付けております。（略）

私は九月一ぱい印度見物致しまして十月初めの船か中頃に成りませう。おそくとも十一月中頃には日本へ着けませう。船は今事変中で前からなか〳〵分りません。門司へ着くとよろしゆう御座いますが今の処神戸の様で御座います。（略）

どうぞ皆様御達者で。さようなら。

鈴子

六月三十日

（略）アフガンはあまり早く暑かつたせいか今頃は割合涼しくて仕合せです。日中はそれでも二十八度位で御座いますが夜は十八度位に下つてまゐります。夜の外出はオーバーがほしい位で御座います。アフガンには今年も又戦争が始まりました。コレラも流行しておる様で御座います。が其の方は大分下火と成つたのではないかと思ふておりますが毎度の事兵が運ばれて行きます。去年よりかひどい戦の様で御座います。今年は飛行機も買ひ毎日早朝戦地へ行く様子で御座います。日支の様な上手な事は出来ませんし今の処カブールは安全で御座います。

此処へ来ておりますと何や彼と心配事ばかりしておらねばなりません。早く日本へ帰り度ふ御座います。それに今は食客が二人も御座います。もう二十日近くも私の家に居られます。元アフガン陸軍省へ建築の技師として私達より後来られました方が意見の相違から政府よりくびになりまして家も取り上げられて居る処がないので御夫婦で家へ来ておられます。近い内に帰国はされますが後の話がうまく行かなくて始末が出来ないで帰るに帰られないでこまつておられます。契約が来年の一月ですので後わづかな処で帰されるなんてつまらぬ事です。食事の世話が大変です。日本でしたらば何でも御座いますが此処では何にも材料が御座いませんので朝起きると今日は何にしようなんて考へるので一仕事です。私共も後二ヶ月と成りまして少しは片付け物も御座いま

すが手に付きません。一日中台所の事ばかりで御座います。（略）

お手紙差上げるのもカブールよりは後一回位で御座いませう。船が門司へ着けばよろしく御座いますがきつと神戸だらうと思ひます。船が分り仕第お知らせ致します。皆様どうか御達者で御暮し下さいませ。さようなら。

カブールにて　鈴子

八月一日

（略）三ヶ月以内には鈴子もお膝元に帰つて行きます。年が明ければ私も帰ります。私も早く帰り度いのは山々ですけれども日本丈では出来ない調査研究がありますので、又将来の為めにも是非欧米を廻らなければなりません。後僅半歳で御座いますからお待ち下さいませ。御体を用心して。

今年はカブールもなか〳〵暑ふ御座いました。でも夜は初秋か春先の涼しさで御座います。今メロン、リンゴの盛りで御座います。御馳走したいと思ひます。

ではどうか御体御大切になさいませ。さよなら。

三雄

＊　＊　＊

（略）毎日〳〵お暑い事で御座いませう。カブールも近年にない暑さで御座います。汗なんか出た事は御座いませんでしたが七月末には出まして毎日フウ〳〵言ひながらおります。昨日より又朝夕涼しくなりまして少しはらくになりました。（略）

新聞で視ますと大分暴風雨が御座いました御様子で御座いましたが如何で御座いましたか。日本ではあんなに雨が御座いますのに此処では夏に成りましてまだ一度も降りません。主人の畠なんか水が二十日に一度位しか来ませんのでカラ〳〵となつております。もう帰国も後一ヶ月ばかりと成りましたので畠の方へもあまり出ませんで役所の方の後始末ばかり致しております。役所の方より道具だとか薬品なんかもらつて居るのを何に使つたか今どれだけ残つておるとか一々書類で出して残りは全部返さなくてはなりませんので日本の様にはまゐりません。なか〳〵めんどうで御座います。

私は六月初めに来られたお客様がありましたので食事の方がなか〳〵いそがしくて御手紙を書かう〳〵と思ひながらお客様が帰られてからとお帰国される日を待つておりました。やつと昨日七月三十一日に出発されました。旅費がなか〳〵出なくてとう〳〵私の内へ四十五日かおられました。昨日は一安心したせいか急につかれが出まして一日中ゴロ〳〵休んでおりました。八月と成りましたら自分の方の片付けも御座いまして気がせいて来ましてそれに涼しく成りましたので今日は元気を出して手紙書きを始めました。
今カブールにはコレラが流行しておりましてどん〳〵患者が出ております。消毒するでもありませんので多くなるばかりで御座います。食物には十分気を付けておりますが早く涼しくなつてくれゝば幾らか少くなるかと思ひます。何だかあぶなくて買物に出るのもいやですからボーイが皆買物をしております。後一ヶ月ですから十分気を付けます。皆様にお目にかゝれる事をたのしみに致しております。（略）
では皆様御機嫌よく御暮し下さいませ。さようなら。

鈴子

十月十四日

（略）最後の報告書やら出発準備やら忙しくて手紙も書けず洵に失礼致しました。途中の詳細は鈴子から御通知申し上げたと存じますがカシミール王国（普通印度は全部英国の領土と考へ勝ちですが印度の中には英国に属しない独立王国が三百位あります。此の王様をハラジャ又はモハラジャと申します）に水の都を見物し古ひ印度の首都ラホール及現在の首府デーリーを見物しました。デーリーは七回も首府が出来ては亡び出来ては亡びした処です。
ラホール、デーリー共に農業関係の試験場がありますので見学に参りました。実に金を掛けて設備が出来て居ります。羨しい位です。外国では日本の試験場の仕事は大学でやつて居ります。

印度は仏教の発祥地ですけれども今は仏教は殆んど見るかげもなく衰へ回教、ヒンドゥ教（これは仏教と始りを同じくして居ります。仏教はこれから分離したものと思ひます）シーク教等が勢力を張つて居ります。ヒンドゥ教徒は絶対に生物を殺さず又肉食を致しません。それで汽車の沿線では鳥や獣が山野には勿論民家都会で人間や牛等の間にノンキに遊んで居ります。停車場で旅行者の食べ残り等を漁りに猿が鉄道の柵に集つて居つたり牛の背に小さい鳥が乗つて居つたり孔雀、鶴等が民家近くによく見受けられます。美しい景色です。

印度は広い国ですからずいぶん寒い処もあります。稲が各処に作られて居りますがようやく生育を終へて穂が出るばかりのものと既に収穫を終へてもう薄氷の張らんとする処まであります。三年前印度を見た時印度人は怠けものと思ひました。しかしアフガンから出て見ますと随分勤勉な国民だと思ひました。百姓を見ても又事務所で仕事をして居るのを見ても雲泥の差です。

八日の朝孟買《ボンベイ》に着きました。それから三年間の洗濯をして私は欧米廻りの、鈴子は日本行の準備を致しました。鈴子のは船がなく結局十月二十日頃出帆の郵船徳島丸で日本に帰る予定で御座います。途中「シンガポール」に寄る丈で神戸迄直行致します。神戸着は十一月の十日頃かと存じます。

孟買着のお手紙洵に有難く拝見致しました。冨士屋の主人は下関豊中下の人です。色々親切にして呉れますので長いアフガンの苦労等すつかり忘れて楽しく欧米の旅に十三日夜（昨夜）出発致しました。先づ海路をペルシャのブシャール港に向ひます。此の船は英国船で一等は英国人のみ二等は英、印人半々位です。英国人は殆んど軍人のみです。約五十噸位の船です。此の先の旅程は別紙の通りです。鈴子にも旅程表は持たせましたがそれと同じものです。

ではどうか御大切に。（略）

ペルシャへの船 Elephanta 号にて　三雄

ジャララバッド紀行

第一回調査行（一九三六年九月二十九日～一九三六年十月三十一日）
第二回調査行（一九三六年十一月二十三日～一九三六年十二月十日）

第一回調査行

一九三六年（昭和十一年）九月二十九日

二十八日ニ出発ノ処自動車ナク今日出発トナル。六時起床、七時用意シ整へ、七時半、「サマッド」及「ユーソフ」ノ両助手迎ヘニ来ル。本、着物ヲ入レタルトランク、薬品ト道具ヲ入レタル木箱一ツ寝具トヲ「ガジー〔馬車〕」ニテ、「サライ、アブトラマンハン」ノ自動車ノ停留所ニ運ブ。初メ商務次官ヲ通ジテ荷物ガアルノデ家ニ迄車ヲ迎ヘテ貰フコトニシテアッタガ自動車ハ郵便局ノ郵便自動車ナルガ為メ送迎ハ出来ヌト断ラレタノデ荷物ハ自動車車庫ニ運ンダノデアル。「サイドグル」、「モハマッドユーソフ」ノ両助手ト共ニ車上ノ人トナル。「ラシッド」、「サマッド」、「ユーソフ」ノ兄トガ見送ッテ呉レタ。旅行時間ハ次ノ如シ。

「カブール」午前九時三十分発。

「シアサング」十時着。oil standアリ。此処ヨリ半哩位行ッタ処ニテ運転手passportヲ忘レタルコトヲ思ヒ出シ運転手丈kabul《カブール》ヘ引キ返シ、「バタカク」十一時三十五分着。運転手車ニメロンヲ積ム。麦既ニ発芽シ一寸位伸ブ村アリ。

「バンディアミール」十二時二十分着。途中三度停止ス。溜池アリ。「カクジャバール」午後一時五十分着。山ノ中ニテ嘗テ兵舎アリタル由。今ハ見張リアルノミ。建物ハ此ノ兵舎ノ外ニ商ノアッタ様ナ建物ト「サライ」ノ放棄サレタルモノアリ。此処ニテ自動車、「ダイナモ」（兵舎ニハ電話アリ。自分モ商務次官ニ電話ス）破損「カブール」ニ電話シ新品ノ到着マデ停車。六時ダイナモ来ル。修理ヲ待ツ間甚ダ寒シ。薪ヲ搬ブ駱駝隊アリ。馬糞ヲ焚テパンヲ焼クヲ見ル。一通リ熱シタル石ニテ焼キ更ニコレヲ馬糞ノ灰ノ中ニ埋メテ充分ニ焼ク。六時十分発、「テジン」七時十五分着。峠下ノ茶屋ニテ夕食ヲ取ル。

「ジャグダラック」十時着。可成大キナ水無川ヲ挟ンデ両側ニ宿場アリ。休憩五十分宿場デ牛乳ヲ飲ム。茶瓶一ツ一アフガニート云フ。五十プル〔一プルは百分の一ルピー〕丈支払フ。ザクロヲ木框ニ「ブリキ」ヲ張ッタ容器ニ入レタルモノヲ沢山出荷ス。茲ヨリ何哩カ離レタル処ニ□□ト称スル処アリ。茲ヨリ生産ス。此ノ宿ニテ助手ガ「ザクロ」ヲ食シ其ノ実ヲ食ヒ濡レタ処其ノ実ヲ拾ヒ集メテ食セル旅人アリタリ。十時五十分出発。

「ニムラ」三十日午前一時着。止宿。三時間寝ル。五時三十分発。「ファテハバード」六時十五分着。可成大キナ宿場ナリ。「ジャララバッド」七時十五分着。

計二十一時間四十五分。内一時間半休憩及破損修理。十時間十五分走路。

九月三十日

九月二十九日「カブール」ヲ立チ今日ノ午前七時十五分「ジャララバッド」着。荷物ヲ一時郵便局ノ倉庫ニ預ケ役所ノ時間迄城内ヲ見ル。

午前十時知事官舎ニ至ル。門番波斯《ペルシャ》語ヲ知ラズドウシテモ門内ニ入レズ。待ツ内ニ折リ良ク係ノ農務局長来リ案内サレテ門内ニ入ル。丁度士官ガ番兵（巡査ト兵ノ合ノ子）ノ査閲中ナリ。官舎ノ建物ニ入ルト廊下、階段ノ角々ニ番兵直立ス。知事室ニ入ル、番兵モ来リテ行動ヲ見守ル。

知事ハ「ムハンマド・ハシム・カーン」ト云ヒ年配四十才位ニ見エ眼甚ダ鋭シ、今迄「カブール」ニテ色々ノ大官ニ面接シテ斯ノ如ク眼光ノ鋭キ人ヲ見タルコトナシ。英語ヲ話サズ仏語ヲ少シ話サレル由ナリ。日本公使ノ宜シクト云ハレタ言葉ヲ伝ヘル。一通リ挨拶ヲ終ヘ係ノ人ニヨリ宿舎ヘ案内セラル。宿舎ハ「バーグシャヒー」〔王室の庭園〕内ノ建物ノ一部ナリ。食事出来ズ全ク困ル。助手ニ頼ンデ作ッテ貰フコトニシタ。テーブル寝台ハ幸ヒニシテ設備サレタリ。又便器モアリ、ボハリー〔ストーブ〕モアリ、建物ハ全ク王宮ノ如キモノナリ。四人ノ使用人アリ。

午後二時役所ニ行キ農務局長ニ会ヒ明日ノ仕事ノ打合ヲナス。後バザーニ行キ必要品ヲ購入スル。夜ハナカナカ暑シ。蚊多クテ困ル。又疲労アリ就眠出来ズ。十時大砲ナル。今日ハ食事及茶ニ飢ヘタリ。仕事ヲスル気ニナレズ。助手モ並ビノ室ヲ貰フ。然シ暑イノデ外ニ寝ル。

夕食ハ馬鈴薯〔ジャガイモ〕ヲ煮タルモノナリ。

十月一日

午前八時農務局ニ出頭。農務局ニハ局長ノ外ニ三四人ノ書記アルノミナリ。役所ハ「バーグシャヒー」ノ門ヲ出ルト直グ前ノ広場ニアリ。二棟ノ棟割長屋ニシテ洵ニ粗末ナモノナリ。棟ハ両側ニ即チ背中合セニ室ガ出来テ居ル。

直チニ各庭園ヲ廻ル。各庭園トモ略《ホボ》同様ノ作物ナリ。何レモ政府ノ所有ニシテ各々美シキ建物ヲ有シ之レノ散歩園トシテ作ラレタルモノナリ。

「ジャララバッド」王ノ建設ニナルモノニシテ「ジャララバッド」市ハ一ツノ城壁ノ中ニ設ケラレ城外ニハ殆ンド民家ナク只自動車ノ通路ト市ノ城門トノ交叉スル処ニ自動車ノ停泊所トシテ小サキ「バザール」アルノミナリ。此ノ市ハ「アマヌラ」王ノ父「ハビブラ」王ガ非常ニ愛好シ毎年冬ハ此処ニ政庁ヲ移セリ。其ノ為メ城外ニ新シキ洋風ノ家屋ト庭ヲ沢山ニ建設セリ。此レ現在政府ノ手ニテ管理セラルヽ庭園及家屋ニシテ各庭園建物ハ一、二ヲ除イテハ殆ンド利用セラレズ、一ツハ政府ノ賓客用ニ当ラレ他ノ一ツハ「ホテル」（現在修築中）ニ使用セラル、ノミ。

（略）

茲モ「アフガン」ノ他ノ地方ト同ジク、作物ハ栽培スルノデハナクテ出来ルモノデアルト思フ様ナ栽培ノ仕方デアル。果樹類ハ全クノ植放シ施肥ハ殆ンド行ハレズ、除草、中耕モナシ。果樹ト蔬菜トハ果樹ノ大キクナッタモノニ就テモ混作セラル。各樹種トモ剪定ハ全ク行ハレズ。剪定スレバ樹ガ枯レルト称ス。

蔬菜果樹ハ作條殆ンド与ヘラレズ。只甘藍〔キャベツ〕ハ畦立シテ苗床ヨリ移植セラレタリ（在来ノ四角ノ処ニ散播ノ形式ヲ取ラズ）。移植ニハ土ヲ附ケテ之ヲ行ヘト云ヘバ手数ガ掛カゝル、手デ除草シロト云ヘバ人ガナイト云ヒ総テ労動能率非常ニ悪シ。研究心ノナキコトハ又大ナル一ツノ欠点ナリ。（略）

果樹類

枇杷　日蔭ニ苗床ヲ設ク成長ヨシ。然シ剪定中耕施肥ノ行ハレザルコト他ノ如シ。病気ノ為メ枯レタルモノ多シ。此ノ地方トシテハ適シタル作物ナルベシ。一房全部同時ニ熟サズ。

柘榴　各所ニ良ク生育ス。本年ハ病気ノタメ落果多カリシ由ナリ。

葡萄　生育ハ割合ニ良キモ浮塵子ノ被害甚大ナリ。防除良ケレバ充分成育スベシ。但シ輸送力ナキ為メ、此ノ地丈ノ消費トシテハ栽培ノ余地ナシ。一房全部一度ニ成熟セズ。

椰子（棗椰子）　此ノ地ニ良ク適シタルモノナルベシ。然シ輸送力少シ。加工或ハ乾燥果トシテ貯蔵出来レバ大イニ奨励ノ余地アリ。

桑　生育ハ良好ナリ。

無花果　生育良好ナリ。胴虫ハ相当多キガ如シ。葉硬クシテ葉面甚ダ粗雑ナリ。

アーモンド
桃
杏
　苗木アルモ生育良好ナラズ。

人口甚ダ少ク労働者少シ。政府ノ園ニテ一人二十五アフガニーノ給料デアッテ労働時間ハ八時カラ三時半迄デ一時間ノ休ミアリ。

十月二日

今日ハ休日ナルモ局長ニ視察スルコトヲ話セシ処同行スルトノコトナリシヲ以テ八時役所ノ前ニ待チシモ来ラズ八時半助手ト三人ニテ出掛ケル。甘蔗〔サツマイモ〕ノ栽培アル畑ヲ見、農夫ニ栽培ノ話ヲ聞ク。（略）

主ナル樹木
棉ノ木　成育良好

檜（小手柏）	成育良好
落葉松	〃
落羽松	〃
栴檀	〃
トンド（センダンニ似タル木ナルモ花ガ五弁合花）	〃
シシャム（豆科ノ植物）	〃
柳	不良

其ノ他亜熱帯植物名知ラズ。椰子、桑、アリ。

（略）

十月三日

午前八時半農務局長及ビ園丁長ト共ニ他ノ畑（園）ヲ見廻ル。柘榴ハ本年病害ノ為メ甚シク落果セル由ナリ。皮ニ黒褐色ノ病斑アリ。蔕部腐敗シテ落下ス。稍々悪臭アリ。肉ハ「ドロ」色トナレリ。被害落下ノ推積サレタルモノニ羽カクシ、小サキ甲虫等沢山集リ居レリ。

特用作物

甘蔗　一年生作物ニシテ相当栽培セラル。
亜麻　広ク野生シ生育良。
棉ノ木　少ナシ。
棉　広ク栽培セラル。木ノ丈高キ印度綿ナリ。繊維甚ダ短シ。
薄荷《ハッカ》　広ク野生ス。
麻　広ク栽培セラルコトニ「ラグマン」地方既ニ刈取ヲ終ル。赤イ色素ヲ取ル。刈取リ干蔭シ葉ヲ粉ニシテ使フ。
ロッホ　水草ニシテ野生シ縄ニスル。（略）蒲ノ様ニモ見ラル。
モート　牧草。五枚ノ□刻ヲ有ス。蔓草ナリ。

十月四日、十月五日

午前八時園ノ巡察ヲセント出発セル処今日今ヨリ「ラグマン」ニ行クトノコトニテ直チニ用意シ、一泊ノ旅程ヲ以テ午前十頃出発ス。同行局長、園丁長、助手二人ナリ。局長ハピストル携帯ナリ。寝具ト胴乱其ノ他採集道具ヲ持参ス。（略）
「ラグマン」ノ「ハキム〔土地の有力者〕」ハ小柄色白キ痩躯ノ人ナリ。好人物ニ見ヘル。稍々病身ニ見ユ。一泊スル。夕食及翌日ノ昼食ハ洵ニ結構ナルモノナリ。各所ヲ歩クニ兵隊必ラズ三、四人

警備スル。物々シキコト此ノ上ナシ。（略）
水量ノ多キ川幅モ広キ川アリ。途中一、二個所沙漠地帯ヲ横切ルモ他ハ一帯ニ地味肥沃ナル山間ノ平野ニシテ主トシテ次ノ如キ作物ヲ見ル。
米　後十日モスレバ収期。
玉蜀黍《トウモロコシ》　丁度収穫期ナリ。
甘蔗
マーシュ
麻　収穫中。
綿
米作ハ全ク日本ノ夫レニ似タリ。附近ヨリ右手ニ見ヘル山ニハ山頂ニ至ルマデ樹木山一面ニ生育セルヲ見ル。山形、地質全ク無毛地帯ニ似タルニ此ノ地ニ至リテ樹ノヨリ山ニ茂ルハ不思議ナリ。（略）

十月六日

朝カラ□□デ柑橘ノ標本採集ヲナス。園丁長及ビ二、三人ノ人、手伝ヲシテ呉レル。（略）
午後四時頃調査終了セルニ付キ一先ヅ「カブール」ニ帰ルタメ知事ニ挨拶ニ行ク。

十月七日、十月八日

今朝ハ愈々出発。午前六時起床。荷造リヲスル。ホルマー〔ナツメ〕、及レモンヲ土産トシテ園丁長ヨリ届ケラレル。八時自動車ノ用意出来タリトノコト故ニ自動車乗リ場ニ行ク。シカシ自動車不良ニテ乗ルヲ得ズ其ノ侭其処ニ待ツ。

園丁長、自分ハ良ク働クモノナルコトノ証明書ヲ呉レト望ムノデ助手ニ書カセテ与ヘル。園丁長代理モ之ヲ請求セルガ与ヘザリキ。

自動車ヲ待ツコト久サシカリシモ遂ニ来ラズ昼食ヲトル。三時頃藤芳、上ノ土両土木技師入国セラル。之レト面談三時半漸ク車ヲ捕ヘ上乗、夜行ニテ「カブール」ニ向フ。

「ハネサマン」用事モナイノニ朝早クカラ来テ待ッテ居ル。之レハ政府ノ役人デアッテ「ジャララバッド」ノ各政府所有ノ建物ヲ管理スル役目デアル。如何ニモ何カ慾シソウナ態度ナノデ金五アフガニーヲ与ヘル。平気デ受ケトル。礼モ云ハヌ。少イト思ッタノデアロウ。与ヘル者モ良クナイケレドモ冬又来ナケレバナラヌノデ与ヘタノデアル。此ノ様ナ役人ヲ置テ居ルコトハ洵ニ良クナイコトデアルト思フ。

自動車ヲ待ツ間ニ二ツノ事柄ガ自分ノ注意ヲ惹イタ。

一、四人ガ巡査ノ看視ノ下ニ旅人カラ金ヲ貰ッテ歩イテ居ル。之レハ巡査ガサセルノカ、本人ガ巡査ニ願ッテ特別ニサセテ貰フノカ知ラナイケレドモ、市人ノ説明デハ彼ハ所持金ナキタメ空腹故物乞ヒスルノダト云ッテ居ル。日本デハ考ヘモツカヌコトデアル。囚人ガ物乞シテ歩クノニ巡査ガコツコツ後ヲ附テ歩クノモ異様デアル。

二、僧侶ノ子十二、三才位ノガ銃ヲ持ッタ護衛兵ト共ニ来タ。市民ガ彼ニ特別ニ丁寧ナ挨拶ヲスル。之レニ対シテ甚ダ應揚ナルノミナラズ椅子ヲ持テ水ヲ持テト傍デ見ルモ嫌ナホド権柄ヅクノ命令ヲシテ人ヲ扱《コ》キ使フ。僧侶ノ権威洵ニ恐ルベキモノアリ。市中ニ狂人ノ多キコトモ又大イニ人ノ注意ヲ引ク。

午後三時四十分「ジャララバッド」ヲ出発ス。町ヲ外レタル所ニテ運転手ト乗客ト賃金ノコトニテ喧嘩ヲ始ム。運転手鞭ニテ乗客ヲ打チ、客ハ運転手ニ噛ミツキ相方怪俄ヲスル。

「ジャララバッド」カラ見ル西南方ノ山ニハ雪アリ。恐ラク昨年ノモノナリ。

八日朝早ク「バタカク」ニ着ク。未ダ時間前ナルヲ以テ税関出張所ノ開庁ヲ待ツタメ七時半迄停車。寒サ甚シク然ラバトテ泊ル所モナク彼処此処ノ風下ニカクレテ寒サヲ避ケル。六時頃茶店ヨウヤク目覚メ火ヲ起ス。ヨウヤク此処デ暖ヲトリ茶ヲ喫シテ蘇生ノ思ヲスル。

アフガンノ旅ハ全ク不自由、不便デアル。時ニハ怖ヒ思ヒサヘスル。アフガン人ハ旅トハコンナモノト思ヒ込ンデ居ルノデ我々程ニハ不文化ヲ感ジナイ様デアル。

思ヒ附キ。

・用材ニ乏シキ此ノ国ニ於テ竹ノ栽培ハ重要ノコトナリト思フ。

・観賞、果樹、蔬菜ノ栽培ガ混同サレテ行ハレテ居ル。之レハ分離サセナケレバナラヌ。
・労働能力ガ悪イ。
・仕事ノ専門家ヲ養成シナケレバナラヌ。
・何処ノ庭園モツツキクサシテアル。試験圃或ハ模範園ヲ作ル必要ガアル。
・今迄ノ仕事ハ庭園ノ保存ニ重キガ置カレ或ハ庭園ト云フ先入主ニ支配セラレテ栽培サレテ居ル。之ノ観念ヲ改メナケレバナラナイ。
・棉業、米作、蔬菜、普通果樹、熱帯果樹ノ試験地（場）ヲ必要トス。
・柑橘栽培ハ最モ望ミアルモノナリ。之レニ全力ヲ注ギ第二ハ促成栽培デアル。

十月十一日

復命書ノ予報ヲ提出ス。

十月三十一日

本復命書ヲ提出ス。

第二回調査行

一九三六年（昭和十一年）十一月二十三日〜二十五日

二十二日ニ助手七名及「バラート〔ガイド〕」ト荷物ヲ全部貸切リ「ローリー〔トラック〕」ニテ送リ出ス。最初役所デハ乗合ニテト云フコトナリシモ荷物多カリシタメ貸切ヲ請求セリ。十一時出発、「チャーマン」ニテ更ニ仕事用ノ道具ヲ揃ヘ積ミ出ス時ニ一時半。「ラシッド」一名ヲ残シテ二十三日出発用ノ乗用車ノ準備ヲナサシム。

二十三日午前八時ニ自動車来ル予定ナリシモ十一時頃漸ク来ル。商務省ノ手続緩慢ナリシタメ二十三日朝漸ク自動車ノ所有者 Mr. Yorio ニ手紙到着セル由ニテ斯クハ晩《オク》レタルナリ。油代ハ商務省ニ現金ナキ為メ一時立替ヘ呉レトノ手紙ヲ次官名ニテ受ケタルヲ以テ自分ニテ油ヲ購入シテ十二時「カブール」ヲ出発ス。「テジン」ニテ二時過ギナリ。昨日出発シタル先行ノ自動車ガ破損シ此処ニ停滞ス。之レヲ遺シテ自分等ノ自動車ハ出発ス。七時「ニムラ」ホテル着。一泊。

二十四日午前九時「ニムラ」ホテル出発。油ナキタメホテルニテ一ガロンヲ得テ約三十分位迄来タルニ又油ナクナリ停車ス。他ノ車ノ来ルノヲ待ツコト約一時間一ガロン八アフガニー（普通ハ五・二〇―五・七五）ノ油ヲ得テ進行「ファテハバッド」ニテ更ニ二ガロンノ油ヲ得テ十二時「ジャララバッド」ニ着ク。「バーグシャイー」ニ一室ヲ貰フ。

「バラート」到着セザルタメ顔洗フコトハ勿論食事モ出来ズ。昼食ハ昨日出発一時相沢様ニ作ッテ貰ッタオ握リ三ヶアリ。之レニテ辛ジテ済ス。夕食ハ何モナク腹ハ空クノデ助手ニ頼ンデ街カラ鶏肉トバレイショヲ煮タモノトパンヲ買ッテ来テ貰ッテ食ベル。此ノ食器ノ汚イコト普通ナラトテモ喉ヲ通ラヌデアロウガ飢テ居ル今ハ其ンナコトナド云ッテハ居レヌノデ、ガツガツト食ベタ。

二十五日朝ハ例ノキタナイ茶碗トオ盆ニオ茶トパンヲ持ッテ来テ呉レル。仕方ナシニ之レニテ朝食ヲスマス。

十時頃「バラート」及助手ノ一行ガ到着ス。机類ハ三ツトモ全部壊レ、ラムプノ「ホヤ」モ破レタ。他ハ被害ナシ。昼食ハ晩レテ二時御飯丈炊ケタノデ漬物デ茶漬ケヲカキ込ム。御飯ヲ食ベタ様ナ気持ハ少シモシナイ。夕食モオ茶漬ケ。マダ本当ニ腹ノ中ハ納ラナイ。湯ヲ沸シテ貰ッテ体ヲ拭キ体丈ハ奇麗ニナル。

十一月二十五日

総理大臣ノ処ヨリ苺ヲ二十一日ニ、又「ボブール」ニ石刀柏〔アスパラガス〕ヲ同日ニ得テ持参セルモノヲ午後四時ヨリ移植ス。但シ苺丈移植ヲ終了。自分トシテハ全部ヲ終了スル予定ナリシモ「ラマザン」ニテ助手ヲハジメ農夫ハ空腹ナリトテ働カズ仕方ナク中止セリ。此ノ制度ハ「アフガニスタン」ノ進歩ヲ甚ダシク阻害ス。

十一月二十六日

午前八時石刀柏ヲ植付ル。

午前十時農務局長ト共ニ知事ニ挨拶ニ行ク。此ノ前ノ時ハ知事ハ一寸難シイ顔ヲシテ居ッタガ今度ハ軟イ。色々トペルシャ語デ話ヲシタ。此ノ国ノ人ガ誰モ云フ様ニ日本ハ我国ト同様東洋ダ。我々ハ東洋人ダ。互ニ手ヲ取リ合ッテ進ンデ行カネバナラヌ。我々ハ日本人ヲ好キデアルト話サル。甚ダ親シク色々話ヲサレタ。知事ノ名前ハ「ムハンマド・ハシム・ハーン」デアル。

十一月二十七日

午前中庭ヤ町ヲ廻ッテ見ル。

十一月二十八日

豌豆ノ播種ヲセントシテ「サラジラーマラット」ニ行ッタ処園丁ガ仕事ヲスルコトヲガエンジナイ。自分ノ仕事ノ分担ガ増ルノデ嫌ガルノデアル。仕方ガナイノデ中止シテ農務局長及園丁長ニ話シ専属ノ農夫二人ヲ貰フコトニスル。豌豆ノ種子ヲ持参スルコトヲ忘レタノデ先ニ来タトキ残シテ置イタモノヲ貰フコトニシタ。

十一月二十九日

畦立ヲシテ豌豆播キノ準備ヲナス。畦巾ハ二尺ノ藩〔まがき〕二尺ト命ジタルモ意通ゼザリシカ藩二尺ニ畦三尺トシテシマッタ。畦ハ種子ヲ其ノ侭マキ後水ヲ与ヘタ。他ノ畦ハ畦立ヲ終ルト共ニ水ヲ与ヘテ作土ノ準備ヲナス。豌豆ノ種子ハ五年前ニ独乙カラ輸入シタルモノナル由ナリ。発芽力アルカ否カ疑ハレル。

十一月三十日

朝九時豌豆ヲ水ニ浸ス。助手ニ英語ノ講義ヲナス。柑橘及甘蔗ノ調査課題ヲ与フ。

十二月一日

朝ヨリ天候定マラズ。豌豆ヲ植ルベク整地セル場所ノ乾燥状態ヲ見ル。未ダ播種シウル程度ニナラズ。然レドモ雨降レバ数日播種シ得ザルヲ以テ浸漬セル種子傷ムベシ故ニ土地尚湿リアルモ十一時ニ播種ス。種子ハ二十四時間浸漬トナル。

当地到着以来毎日午後ハ曇レリ。然シ今日ハ朝カラ曇天ニシテ時ヲリハ雨模様ナリ。

十二月二日

昨夜ヨリ天候全ク快復シ今日ハ上天気ナリ。昨日ノ曇リニテ北方ノ山ニ雪積レリ。

豌豆ノ種子ヲ播ク。乾燥地ニ四十八時間浸漬セル種子ヲ播キ直チニ水ヲ与フ。豌豆種子ハ四℃

ニテ発芽シ、採種後一年ハ七十六％、二年ハ六十％、三年ハ三十％、四年ハ十％ニ発芽力減少スルコトヲ説明ス。
温床地ヲ物色ス。

十二月五日

苺ノ中耕ヲナサシム。冬期中ニ於ケル仕事ノ表ヲ提出ス。英語ニテ翻訳デキヌトノ知事ノ話ナリ。
旅費ノ清算書ヲ提出セルモ金ナキ故「カブール」ニテ受クベシト却下セラル。

十二月九日

朝商務省ヨリ「カンダハル」ニ行クベシトノ命アリタリトテ知事ヨリ伝達アリ。商務省ニ電話ス（事情ヲ知ル為メ）。然シ何ラ知リ得ル処ナシ。

十二月十日

朝知事ニ告別ノ挨拶ヲナシ午後一時出発ス。乗用車ヲ州庁ニテ世話シテ貰フ。自動車百五十一号運転手ハ「ミルザ・モハマッド」ナリ（九十アフガニー政府支払ナリ）。途中三度ノ故障アリ。二回ハ自分デモ自動車ノ後押シヲナス。午前一時「カブール」ニ帰着ス。

カンダハル紀行

第一回調査行（一九三六年十二月九日〜一九三七年二月二十七日）

第二回調査行（一九三七年六月十三日〜一九三七年六月二十八日）

第一回調査行

一九三六年（昭和十一年）十二月九日

朝「ジャララバッド」ノ「バーグシャイー」ヨリ助手ヲ引連レ柑橘ノ採集ニ出掛ケントセル時ジャララバッド農務局ヨリ呼出シアリ。出頭セル処商務省ヨリ電話ニテ直チニ「カブール」ニ帰リ「カンダハル」ニ行クベシトノ命アリタル旨伝達サル。

十二月十日

「カブール」ニ帰ル。

十二月十二日

商務省ニ出頭次官及農務局長ニ会フ。農学校長モハマッド・ユーソフ氏及農業技師ヌール・モハマッド氏ト助手一人計三人ニテ「カンダハル」ニ行キ棉ニ関スル調査ヲナスベク命ゼラル。

十二月十四日

大臣ニ会フ。

十二月二十日

今朝九時商務省集合出発ノ通知ヲ昨日受ケタルヲ以テ正九時ニ出頭。誰モ居ラズ十時頃顔ガ揃フ。自動車ノ手配出来ズ一週間後ノ日曜日ニ出発ノコトトナル。初メ乗用車ノ予定ナリシモ「アフガン」ノ二人ガ各々ボーイヲ連行スルタメ六人トナリ乗用車ニ乗ルコトガ出来ズ郵便車ニ依ルコトトナリシガ郵便車ハ毎週一回便ニシテ今日ガ出発日ナリ（毎回日曜）。然シテ今日ノ便ハ既ニ出発後ナリシヲ以テ次週ノ便ヲ待ツコトトナレリ。

十二月二十七日

今朝九時出発ノ予定ナリト昨日聞カサレタルヲ以テ早朝ヨリ用意シテ待ツ。シカシ自動車ナカナカ来ラズ。昨日「ハナハバッド」ヨリ帰来シテ修理ニ手間取リタル由ニテ三時ヨウヤクニシテ来ル。

三日前ヨリノ雪ニテ果シテ行ケルヤ否ヤ危ブミタルモ「ロガール」経由ニテ行クコトトナレリ。「カブール」ヨリ進ムニ従ヒ雪ノ量多クナルモ一寸位ノ深サナリ。「バラキバラク」ニ一泊ス。（略）

「バラキバラク」ハ店モナキ程度ノ宿場ニシテ泊ル処モナク十人位ノ人ガ小サイ部屋ニ雑魚寝スル。入口ハ二重ニナリテ内外ノ空気ヲ遮断ス。一間半×二間位ノ部屋ナリ。中央ニ「ボハリー」アリ。室内ハ一尺四角位ノ硝子窓アルノミニテ光條ハ全ク来ラズ、眼ノ青イ、髯ノ赤イ、顔形ハ支那人ニ近カイ店主ガ居ル。乏シイ宿屋デアル。夕食ニハ茶ト、羊肉ヲ煮タモノデアル。室内ハムットシテ気持悪イ位ナリ。十時ニ寝ニ付ク。

尚今日ノ相客ハ我々四人ト農学校長及ヌール氏ノボーイ及軍人ト其ノ召使及老人九人ナリ。

十二月二十八日

午前八時「バラキバラク」ヲ出発ス。（略）

「ガズニー」ニ向フニ従ヒ雪愈々深クナル。

一時「ガズニー」発。二時「ムシャキ」カラ半哩位ノ手前ニテ自動車転覆ス。道ハ平坦ニシテ転覆スルヨウナ処デハナイ。全クノ運転手ノ不注意デアル。旧イ車ノ跡ヘ急スピードデ飛ビ込ンダノデ自動車ガハネ上リ右側ノ排水溝ニ落チ更ニ前進シタノデ中心ヲ失ッテ横ニ自分ノ坐ッテ居ル方ヘ倒レタ。農学校長ハ相当ノ「カスリ」傷デアッタガ他軽少ノ打撲傷デスンダ。農学校長ハ自動車ノ前方（運転手ノ横）ニ居タノデ傷ガ多カッタ。自分ハ後ノ運転手台ニ近イ処ニ居ッタノデ其ノ難ハ免レタガ外套ハ裂ケ魔法瓶ヲ壊シタ。自分ノ上ニハ「ヌール」氏ガ被ブサル様ニ落チタ。一同力ヲ合セテ自動車ヲ起シタ。四時準備出来出発ス。

此ノ一事件デ「アフガン」中上級ノ人ノ「インテリゲンチャ」ノ気質ヲ知ルコトガ出来タ。転覆スルト「ヌール」氏ハ我先ニト他人ヲ踏台ニシテ出テシマッタ。ソシテ誰レモ人ノコトハ心配セズニ自分ノ仕末バカリシテ居ル。ソシテ自動車ヲ起ストキニハ乗合セテ居タ「ガズニー」ノ郵便局員（之レハ一寸カスリ傷ハアッタガ大シタコトハナイ）ハ次ノ宿場ニ引キ上ゲテ居ラズ。「ヌール」氏ハ只人ヲ指図スルノミニテ少シモ力ヲ貸サナイ。僕デサヘ力ヲ貸シテ居ルノニ此ノ状態デアル。ソシテ愈々自動車ガ起キテ運転手ガ修理ヲ始メルト自分ノ荷物丈持ッテ「ヌール」氏ハ独リデ「ユーソフ」氏ノ引キ揚ゲタ処ヘ行ッテシマッタ。僕ニモ一言ノ言葉モカケズニ。外ハ風ガ吹イテ寒イノニ他ノ人ニハ一言ノ言葉モ掛ケズニ。

四時修理ナッテ出発ス。七時十五分「モコール」ニ到着ス。泊ル。彼等二人ノ自分勝手ハ此処デモ初マル。最モ暖カイ良イ場所ニサッサト自分ノ寝台ヲ拡ゲテ仕舞フ。

此ノ宿ハ昨夜ノ宿ヨリハ間広ク同行ノ軍人ヲ除キ運転手モ一ヶ所ニ寝ル。室ハ片隅ニ深サ二尺位ノ炉ヲ掘リ其ノ中ニテ火ヲ焚キ其ノ煙ハ床下ヲ廻ル様ニナッテ居ル。即チ温突《オンドル》トナッテ居ル。十時就寝。

「ガズニー」―「モコール」間ノ自動車内ノ寒カッタコトハ此ノ上ナシ。感覚ヲ殆失フホドデアッタ。

十二月二十九日

七時起床室内ハ暖カキモ室外ハ非常ニ寒イ。恐ラク零下十℃位デアロウ。「ガズニー」カラ出テ「ムシャキ」ニ来ルト雪ガ消テ居ッタガ其処ヲ過ギルト又雪ガ多クナリ「モコール」デハ処々ニ残雪ヲ見ルノミデアル。此ノ町ハ新築ノ町デ別ニ見ルモノモナニモナイ。兵営ガアルラシイ。又「ホテル」モアル由デアル。

油ヲ補給シテ十時二十五分ニ出発ス。十二時「シャジョイ」ニ着ク。此処カラ宿場ニハ方向ト次ノ宿場迄ノ粁程ヲ書イタ指標ガ建テテアル。此処ハ全クナニモナキ村ナリ。「カラート」マデ七十二粁《Km》アリ。茲処ヨリ「カラート」マデノ間坦々タル平均ヲ行ク其ノ道ハ大部分川ノ右岸ニアリ。然シテ処々アーモンドノ園アリ。雪モアッタリ、ナカッタリ。山ニハ皆麓マデ雪アリ。

二時十五分「カラート」ニ着ク。昼食ヲ取ル。此処ハ可成大キナ新築ノ町ナリ。中央ニ主幹路アリテ「キ」ノ字形ニ町ガ出来テ居ル。「カンダハル」ニ向ッテ右手ノ小高イ処ニ「バラヒサール〔城砦〕」アリ。「ホテル」アル由、洋風ノ建物モ二、三アリ。三時二十分出発。次ノ宿場「ジャルダーク」マデ二十五km六百五十mアリ。此ノ辺ヨリ雪ハ全クナクナリ山ニモ殆ンドナシ。四時十分「ジャルダーク」通過「カンダハル」迄百十km三百十九mナリ。

坦々タル途ヲ行クコト三時間、四ツノ宿場《サライ》ヲ過ギ七時十分「モーマンド」、宿場ニ取リ掛カル間近カニテ自動車新シク修理シテ地盤ノ軟弱ナ場所ニ走リ込ミ再度ノ転覆ヲナス。此ノ度ハ誰モ怪我人ナシ。只運転手ノ助手ガ足ヲ打ッタ様デアル。此ノ度モ自動車ハ右側ニ転覆ス。自分ノ上ニ反対側ノ人モ荷物モスベテ覆ヒ被ブサル。逃ル人ハ相変ラズ下ノ人ヲ踏台ニシテ顔ト云ハズ、胸ト云ハズ踏ミ付ケテ出テ行ク。此度ハ自分ハ胸ト顔ニ相当ノ打身ヲ受ケタ。一寸自動車カラ自力デハ出ラレナカッタ。デモスグ回復スル。自動車モ三十分位デ起シ正道ニナッテ七時四十分出発ス。

「カンダハル」迄同乗ノ軍人ガ運転シテ来ル。「カンダハル」市ノ入口ニテ二ツ向フノ「サライ」デ乗ッタ客ヲ下ロス。客ノ一人金ナク首ニ廻イタ布ヲ運転手ニ質ニ入レテ行ク、此ノ国ノ人ノ無深慮無計画。行キ当リバッタリ後ハドウニデモナルト万事ヲ取運ンデ行ク気質ヲ良ク表シテ居ル。

十時「カンダハル」着。政府ノ「ホテル」ヲ各所探シ求メテ三十分ノ後漸ク探シ求ム。茲々ニテモ彼等ノ勝手ガ始マル。此ノ「ホテル」ハ新築ニシテ未ダ準備整ハズ。利用シ得ル室ハ一室アルノミナリ。其ノ室ヲ彼二人ト其ノ「ボーイ」ガ占メ僕ト「サイドグル」ニハ敷物モ「テーブル」モナイ。只寝台アルノミ（之レモ寝具ハナシ）ノ室ニ入レテ仕舞フ。彼等ノ勝手ナル様ハ言語ニ絶スルノデアル。此レハ怒ッテ見テモ仕方ノナイコトデアル。総テヲ自分本意ニ考ヘル此ノ国デハ弱肉強食デアッテ不道徳トハ思ッテ居ラヌカラデアル。利害関係ノナイ人ハドンナ人デモ決シテ尊敬シナイ。総テガ自己本位デアル。人トノ調和ガ決シテ根本的ニ出来ル国民デハナイ。一方デハ相手ヲ称ヘナガラ他方デハ引ッパタク国民デアル。斯カル国民ニドレ丈ノ発展ガ望マレルデアロウ。此ノ度ノ旅行デ「カブール」出発ニ際シテモ前ノ良イ席ハ農学校長ト軍人デ占メテシマッタ。コレガ外人ヲ待遇スル所以デアロウカ。

一先荷物ヲ「カンダハル」ホテルニ降ロシ「サイドグル」ト二人デ池本様ノ御住居ヲ探ス。然シ遂ニ探シ当テズ夜十一時ホテルニ帰リ寝ニ付ク。

十二月三十日

十時朝食ヲトル。八時ニ朝食ヲ頼ミタルニ「ホテル」ノボーイ、不注意ニテ隣室ノ農学校長及技師ノ処ニ持ッテ行キ斯ク晩クナル。ホテルニハ独乙ノ鉱山技師モ来テ居ル。彼ハ一週間前ノ郵便自動車ニテ来タル由ナリ。慶應ノ武田君モ一緒ナリシ由ナリ。

彼等ノ自動車デハ一人轢殺サレタル由ナリ。坂途ニテ自動車逆行シ始メタノデ皆飛ビ降リタルニ其ノ際一人車ノ下ニ転ゲ込ミ事故ヲ起セル由ナリ。

食事ヲ済シ池本様ノ家ヲ探ス。コンドハ容易ニ探シ当テタリ。平屋建ノ四角ナ家デ夏ノ暑ヲ避ケルタメ地下室アリ。藤芳様モ同一建物内ニ住ンデ居ラレル。此処ニ泊テ貰フコトニスル。

農学校長ト「ヌール」氏ハ朝カラ知事ヲ訪問ニ出掛ケル。仕事手配ノ一切ハ彼等ニ任セテ良キ様ニシテ貰フノ外ハナイ。此ノ国ノ事情ハ全ク神秘デアッテ我々ノ想像モ出来ナイコトデアル。斯スルノ外ハナイ。

午後バザーヲ一巡スル。「サイドグル」モ池本様ノ一室ヲ借リテ泊ラセテ貰フ。彼ノ為メニ一日一アフガニーヲ与ヘル。

夜ハ池本様ト歓談スル。今池本様モ製図ニ御多忙ナリ。

十二月三十一日

午前十時半鈴子ニ手紙ヲ出ス。郵便局ハ州政府ノ西側ニアリ。建物ハ立派ナ堂々タルモノナルモ郵便ヲ受ケ付ケル処ハテーブル一ツニ事務員一人ナリ。郵税三十プル。五十プルヲ出シタル処十五プルノ釣銭ニテ五プル誤魔カセリ。池本様ニ聞ケバ「カブール」カラ打タレタル電報ハ到着セヌ由ナリ。又相沢様ノ手紙モ届カヌ由ナリ。

農務課ニ行ク。此処ノ「モディール」ハ農学校出ニシテ「サイドグル」ヤ、「ユーソフ」、「ラシッド」、等ト同級生ナル由ナリ。農学校出他ニ一人アリ、事務員全部デ六人位アリ。

十一時「ユーソフ」氏及「ヌール」氏ヲ訪レル。両氏トモ政府ノ中ノ一室ヲ貰ヒ其ノ中ニ住フ。ナカナカ奇麗ナ建物ナリ。ホテル等ノ及ビモツカヌ処ナリ。美シキ絨緞、洗面所等備ハレリ。一月二日ノ十一時頃知事ニ会フ予定ナリト聞カサル。仕事ノ予定ハ未ダ不明ナリ。一時迄「サイドグル」ト市内ヲ廻ッテ帰ル。郊外ニハ畑アリ。チシャ、ホーレンソー、ガンダナ〔ニラ〕ガ盛ナリ。八百屋ニハチシャ、ホーレン草、タマネギノ若イ葉茎、人参（赤黒イモノト黄色イモノ）、大根、玉葱、ニンニク、ガンダナ等アリ。途中ニテ落花生ヲ見付テ購入スル。（略）之レハ種子用トシテ購入セルモノナリ。（略）

一九三七年（昭和十二年）一月一日

今日ハ「ジュマ」デ日本ノ元日。シカシ旅ニ居テハ祝フコトモ出来ナイ。一日中棉ノ本ヲ調ベル。池本様モ復命書ヲ書カレル。家族トモ別レ全ク一人ボッチノ正月ハ未ダ嘗テナイコトデアル。全ク正月ラシクモナイ。日本デハ否「カブール」デモオ祝ガアルダロウニト淋シク思フ。

一月二日

午前十一時知事「サダル・ムハンマド・ダウド・ハーン」ニ面接スルコトトナリ居リ。十時半州政府ノ謁見室ノ一部ニ仮宿中ノ「ユーソフ」氏及「ヌール」氏ヲ訪ネル。然シ都合ニテ今日ハ面接出来ヌ由ニテトランプヲ行フ。昼食ハ此処ニテ招バレル。

一月三日

午前十一時半知事舎宅ニテ知事ニ面接ス。若手ノ好漢ナリ。口ノ締レルキリットシタ将来此ノ国ヲ負フベキ人ナリト思ハセラル。言葉モ丁寧ニシテ決シテ威張レル処ナシ。

巡廻スベキ場所ノ指定ヲ受ク。五ヶ所位ナリ。然シ充分ニ知ルヲ得ザリキ。又視察ノ目的モ充分ニ知ルヲ得ズ。池本様モ設計完了シテ知事ノ処へ持参説明セラル。

夜ハ「ユーソフ」氏及「ヌール」氏ノ処へ遊ビニ行ク。同氏等ノ二人ノ知人モアリ。トランプ遊ビヲスル。昨日九時出発ノ知ラセヲ同氏等ヨリ受ケル。（略）

一月四日

午前九時「ギリシュク」へ向ケ出発ノ予定ナリシモ自動車ノ用意出来ズ一時半漸ク出発ス。「ローリー」ニシテ運転手台ニ「ユーソフ」及「ヌール」ノ両氏座ル。自分ト「サイドグル」ト両氏ノ「ボーイ」ト四人ハ車ノ後ニ座ル。腰掛モナニモナシ。此ノ自動車ハ専用ニ政府ヨリ与ヘラレタルモノナリ。視察中我々ト行ヲ先ニスルモノナリ。全ク坦々平原ニシテ処々ニ畑ヲ見ル。「カンダハル」近クハ葡萄園アリ。葡萄ハ高畦ヲ作リ蔓ハ土中ニ埋メラレタルガ如クニ見ユル。麦ハ巾五米位デ長イ畦ヲ作リ其ノ一側ニ溝ヲ他ハ平ニシテ其レニ麦ヲ撒播セリ。

四時「キシュクナホット」ニ着ク。単ニ一ツノ宿場アルノミナリ。又坦々タル平原ヲ進ム。道ノ悪イコト此ノ上ナシ。沙漠ノ中ニ二本ノ溝ヲ作リ其ノ間ヲ少シ平ニシテ道ニセルモノナリ。サレバ道ガ悪クナレバ自動車ハドンドン道ノ外ヲ出テ走ル故ニ何処ガ道ダカ不明ナリ。陸軍大臣ガ欧州カラ帰朝ノ時新ニ作ルモノナリトテ旧道ト平行シテ新道アリ。シカシ殆ンド使用セズ。勿体ナイコトナリ。

「ヘルマンド」河ハ船橋ナリ。此ノ自動車ノ渡河賃二十アフガニーナリ。七時「ギリシュク」ニ着ク。「ギリシュク」ニハ政府ノ「ホテル」アリ。大間（八間ニ四間位）一ツト小室（一間ニ四間位）トアリ。他ニハ設備ノナイ洗面所アルノミ。大室ニハ「ダンロ」ノ設備アリ。壁ハ白ク塗ル。寝具ノナイ寝台五個アリ。テーブル三ツ。椅子数箇アリ。例ニヨリ良イ場所ハ二人ノ人ガトリ自分ハ余リ場所デアル。

今夜ハ寒シ。火ヲ焚ク。「ギリシュク」ノ街ニハ「ガスランプ」ヲツケテ居リ夜モナカナカ明ルイ。今日ハ車ノ都合甚ダ良シ。

一月五日

午前十一時町長ニ会ヒニ行ク。役所ノ庭ノ暖イ処ニ机一ツヲ出シテ事務ヲトッテ居ル。側ニハ兵隊二名アリ。

昼食後池本様設計ニナル水路ノ予定地附近ノ田ヲ見ニユク。「ヘルマンド」橋ヨリ見始メル。「ヘルマンド」橋ハ目下ハ船橋ナルモ煉瓦ノ橋ガ「ギリシュク」ノ方カラ建設中ナリ。（略）

●概評――土地ハ Clayish soil 【粘土質】ニシテ、地下水高ク棉作ニ完全ナル土地ト云フヲ得ズ。現在耕作シツヽアル土地ニ一割位ハ耕地ヲ増シ得ベキモ増加シ得ベキ土地ハアマリ良好ナラズ。

利用シ得ル大部分ハ既ニ利用シアリ。

●ギリシュク附近ノ農業――小麦、大麦、玉蜀黍ヲ主作トス。水稲モ作ル。（略）

●気候――冬ハ氷ヲ張リ霜ヲ見ル。然シ金盞花等青キ侭アリ。（略）

●耕地面積――全ク不定ナルモ何レモ三米―五米置キニ畦ヲ作リ水ノ流レ易イ様ニスル。畦ノ一方ニハ浅イ溝ヲ作リ之レヲ流レル水ガ畦ノ中一面ニ溢レ出ル様ニシテアル。麦ノ後ニハ「トウモロコシ」、「ハルブザ」（フットボール大のメロン）、「タルブーズ」（スイカ）ヲ作ル。無花果、桑ハ至ル処ニアリ。河原ニハ柳多数アリ。

四時ニ「ホテル」ニ帰着。今日ヨリ食費ヲ支払フ。

一月六日

昨夜藤芳様「フラー」ノ方面カラ帰ラレ「ギリシュク」ニ泊ラレタル由ニテ九時ニ会ヒ久闊ヲ叙ス。旅行ガ辛カッタト見ヘテ憔悴シテ見ヘル。午前十時出発。十二時半「アイナック」ニ着キ昼食ヲスル。

一時半出発四時四十五分「ソルホッドーズ」ニ着ク。水ノアル処ニハ小麦作ラル。概シテ粘土カ礫地ニシテ可成強キアルカリ土ナリ。水ノアル処ハ草、小灌木繁ル。排水ハ良好ナル土トハ云フコトヲ得ズ。処々ニ木立アリ。「ヘルマンド」ノ河岸ニハ木可成アルヲ見ル。牛、羊ノ放牧ヲ多ク見ル。

家ハ「カブール」ヤ「カンダハル」ト全ク構造ヲ異ニス。土ヲ以テ四角ニ壁ヲ作リ其ノ上ヲ菰ヲ以テ被ヒ土ヲ淡《ウ》スク乗セ円屋根ニ作レリ。之レガ丁度カマボコヲ並ベタ様ニ並ブ。スベテ一階作リナリ。犬多シ。タージー犬モアリ。

「アイナック」迄ハドウニカ道デアルガ夫レカラ先ハ単ニ平原ヲ画シタルニ過ギズ道ヲ修理スルコト三回。橋不良ニテ下車シテ自動車ノミ通過スルコト三回アリタリ。今日ハ我々一行六人ノ外ニ兵隊二人。道修繕ノ人夫四人ノ大勢ナリ。鶴嘴、スコップヲ持参ス。

「アイナック」ハ池本様モ測量期間泊ラレタル由ナリ。十軒位ノ村ナリ。此ノ先ニ「カラビースト」ノ大ナル城ノ廃墟アリ。此ノ荒廃地果モ知レヌ沙漠ノ中ニ良クモ之レ丈ノ家ヲ建テタルモノト思フ。何年前ニ誰ガ建タモノカ不明デアル。昼食ハ「ドーグ〔ヨーグルト飲料〕」ナリ。一寸胸ニツマル。只食ノ如シ。

「ソルホッドーズ」三百軒モアル可成大キナ村ナリ。二人ノ地主ニ属ス。麦出来ルノミナリ。二年乃至三年ニ一回麦ヲ作ル。順環《ママ》掠奪農業ナリ。他ノ作物ハ買手ガナイノデ作レナイ。「アンジール〔いちじく〕」、林檎、「バダム〔アーモンド〕」、「ザルダール〔あんず、又はプラム〕」等出来ル。土地ニ出来タモノハ半分ヲ土地ノ所有者ガ手ニ入レル。他ハ作人其ノ他僧侶等ニ納メル。

地主ノ一人ガ何呉トナク世話シテ呉レル。言葉ハ殆ンド「パシュトー」ナリ。地主ハペルシャ語ヲ話ス。「アブドラマンハン」王ノ時「カブール」ニ行ッタコトガアル由ナリ。洵ニ温厚ナル人ニ見ユル。

此ノ附近ノ人種ハ「ヌールザイ」デアルガ支那人ニ良ク似テ居ル。「カブール」トハ人種ヲ異ニスル。何処ニ行ッテモ土民ハ「モンゴリア」人ニ近イ顔形デアル。三百人ノ住民ノ内二百人ガ土地ヲ有シ百人ハ土地ヲ有セズ。大地主ハ二百ゼリーブ〔二〇〇〇平米〕位ヲ持ッテ居ル。普通ノ農家ハ十五—二十ゼリーブ位デアル。一ゼリーブノ小麦ノ収穫ハ三十五—四十セール〔荷積時の単位。約7kg〕位デアル。

四角ナ壁ノ囲ニ柳ヲ編ンデ屋根ヲ作リ土ヲ乗セタ家デ大サ五米×十米位中ニ炉ヲ作リ其ノ回リニ少シバカリ敷物ヲ敷キ二枚ノ小サイ「緞通《ダンツウ》」アリ。此ノ中ニ一行ハ寝ル。

一月七日

今日ハ駱駝ニテ各所ヲ見ル予定ナリシモ天候不良トナリタル為単ニ附近ノ土地ノミヲ見ル。

此処ノ定住民ノ外ニ天幕生活ヲスル放牧民ヲ多数ニ見ル。此処ノ平野ハ「ヘルマンド」河ニ副ヒテ巾十粁位ノ平原ナリ。一方ハ「ヘルマンド」ノ河ニシテ他方ハ沙漠地帯ニ続ク。「ヘルマンド」ノ岸ニ近イ方ハ粘土重ク、沙漠ニ近イ方ハ二粁位ノ巾ニテ洵ニ良キ砂質壌土ナリ。水ハ充分トハ云ヘズ然シ人口トノ関係モ考ヘナケレバナラヌ。

「ソルホッドーズ」デ昼食ヲトリ十二時半出発ス。一粁位来タ処デ自動車ノ前車一輪橋カラ落チル。人夫ヲ徴シテ引キ上ゲ二時出発ス。手伝セルモノニ運転手一クラン〔古い通貨の単位。二クランで一ルピーに相当〕ヲ与フ。前進スルウチ橋修理中ノモノニ出合フ。人夫ヲ徴ス。其ノ人夫貴様晩《オソ》カッタトテ兵隊ガ之レヲナグル。傍デ見ルモ気毒デアル。（略）

五時「アイナック」ニ着ク。此処ニ一泊スルコトトナル。昨日昼食ヲトリタル処ナリ。三m×十五m位ノ大サノ土壁ニテ囲マレタル室ナリ。

夜ハ運転手、助手、「サイドグル」、及「ヌール」氏ハトランプ「フィスコート」ヲ行フ。日本ノナポレオンナリ。異ルハ最初ノ配札五枚ノ時ニ切札ヲ宣言スル。他ハ同一ナリ。運転手ハ咳ヲスルノデ夜中ニタビタビ目ヲ覚マス。

一月八日

「ハローチ」ノ水路ノ取口ヲ見ニ行ク。此レハ最モ大キナ水路ノ一ツナリ。（略）

午後「ボゴラ」水路ノ灌水地域タル「アイナック」側ノ土ヲ見ル。全ク荒茫幾千里涯シモ知レヌ大平原デアル。「アイナック」側ハ礫ヲ含ンダ sandy soil〔砂質土〕デアル。二十—二十五cmデ石灰層ヲ見ル。今夜モ「アイナック」泊リ。

一月九日

午前九時「アイナック」出発。九時半次ノ部落「ボウラン」ニ着ク。此処ヨリ駱駝ニテ池本様設計ニナル水路ノ終点ニ向ッテ進ム。駱駝ハ全ク始メテノ騎乗デアル。駱駝ハ先ヅ前足ヲ折ッテ座リ次デ後足ヲ人間ノ足ノ如クニ折ッテ座ル。座ッテシマヘバ容易ニ立タナイガ座ルコトハ駱駝ニトッテ却々《ナカナカ》嫌ナコトデアルラシイ。叩イテモ蹴ッテモ水ヲゴロゴロ云ハセル様ナ音デ泣イテナカナカ座ラナイ。

自分ハ一人デ馭シ得ナイカラ相乗リスル。馭者ガ前デ自分ハ後ニ乗リ馭者ノ腰ヲ持ッテ体ヲ落チ付ケル。乗リ道ハ楽デアルガ下リ途ハポコポコスル。又駱駝ハ立上ル時後足カラ立ツノデ用心シナイト前ニ滑リ落チル。駱駝ハ歩ク時体ヲ前後ニウネラスノデ乗者ノ体ガ前後ニ揺レ甚ダ疲レルノミナラズ体ガ大キイノデ跨ッテ騎乗スルト驥座ガシマラナイノミナラズ両足ガ広ク開クノデ足ガ非常ニ疲レル。

騎乗一時間半「カラヘナジャール」ニ十一時半ニ着ク。此レハ幾年前ニ建タモノカ知ラヌガ沙漠ノ中ニポツント一ツ然カモ大キナ家ヲ建テタモノト思フ。(略)

三時「カラー」ノ前ニテ写真ヲトリ再ビ駱駝ニ乗ッテ帰路ニ付ク。行キノ時臀ノ座骨ノ処ヲ擦ッタト見エテ騎乗スルトチクチク痛シ。三十分許カリシテ足モ痛ク、臀モ痛ク之レデ帰レルカト思フ程デアッタ。駱駝ガ馳足ヲ始メルト痛ム処ヲ打ツノデトテモ堪ヘラレナクナル。デモ我慢シナガラ五時出発地ニ帰着ス。他ノ人モ相当痛イラシイ様子デアッタ。学生時代ニ馬ニ乗ッテ以来十何年一回ノ騎乗モシタコトガナイノデ足ヤ臀ノ痛イコトハ此ノ上ナシデアル。臀ニハ傷ガ出来タラシイ。下帯ガベタベタ臀ニ附着スル。痛クモアッタガ夕日ガ沙漠ノ西ニ傾イテ我駱駝共ニ長イ影ヲ砂上ニ延シ静カニ沈ム時附キ副ッタ兵隊ガ長閑ニ歌ヒ出スハ得モ云ハレヌ詩デアリ絵デアル。自分ガ詩人デナク、絵書デナイコトガ残念デアル。

「ボーゴラン」ニハ泊ル処ナシノ故ヲ以テ直チニ自動車ヲ走ラセテ「マルギール」「ホシュデルハン」ニ一泊スル。到着ハ六時半ナリ。此処ノ旅客用建物ハ却々大キク二室アリ。一室ハ土間ニ炉ヲ切ッタ他ノ処ノモノト同一デアルガ我々ノ泊ルベキ一室ハ一方ノ壁ニ暖炉ヲ切リ込ミ「カーペット」ヲ敷キツメ寝具モ四方ニ置イタ良イ室デアル。

今回ノ思ヒ付キ——良イ土地デ棉作ニハ持ッテ来イデアル。大規模経営ニスルコト。木ヲ植ヘルコト。移民問題。輪作スルコト。肥料コトニ有機質肥料ノコト。多角農業ニスルコト。草ヤ灌木ノ掘株焚木其ノ他ノタメニ保存スルコト。

一月十日

昨夜ハ今迄ニナイ御馳走デアッタ。パラオ〔ピラフのような炊き込みメシ〕(中味ハ鳥)ニ南瓜ノ摩実ヲ油デ煮タモノ。鳥ノ「ローガン」〔脂肪、油〕デ煮タモノ及「モーシュ」〔豆もやし〕デアッタ。大キナ御馳走デアッタ為メ食事ハ十一時寝ニ就イタノハ十二時デアッタ。

朝ハ道案内ノ兵士ニ起サレテ眼ヲサマス。九時ナリ。今日デ顔ヲ洗ハザルコト三日。恰好ナ場所ガナイノデ大便ヲシナイコト二日。気持ノ悪イコト此ノ上ナシ。朝ノオ茶モ甘ク喉ヲ通ラナイ。デモアノ汚ナイ布ノ上ニ並ベラレタ食物ヲ手掴デ食フノニ較ベレバ一番甘味ナノハ朝食デアル。ソノ朝食モ今朝ハ喉ニ支ヘル。食事ヲ終ヘテ直グ出発スルノカト思ッテ仕度シテ出ルト、昼食ハ此処デ終ヘテカラ出発スルトノコト。「ヌール」氏ハ銃猟ニ出掛ケテシマッタ。十二時マデ日向ニ出テ本ヲ読ム。

十二時食事直チニ出発ス。途中「ヌール」氏ト「ユーソフ」氏ハ池本様設計ノ水路ノ標木ヲ見ツヽ「ギリシュク」ニ一時ニ着ク。ソシテ二人ハ又銃猟ニ出掛ケル。自分ハ三日来ノ排泄ヲナシ水デ頭カラ尻、足マデスッカリ奇麗ニ洗ッテサッパリスル。

コンナコトナラバ何故昨夜「ギリシュク」ニ帰ラナカッタノカ僕ニハ全ク不可解デアル。少クトモ今朝スグ出発スレバ十一時ニハ「ギリシュク」ニ着クノデアル。食事ヲ他人ノ飯デ節約シタイノカ。ソレトモ遊ビタイノカ。時間ノ貴重サヲ少シモ知ラヌ人達デアル。

自分モ体ヲ洗ッテカラ「バザー」ニ出テ茶ヲ飲ム。此ノ国ノ人ハ生水デ食事スルノデ食事ノ時オ茶ガ出ズ又食後モオ茶ヲ飲マナイノデ水ノ飲メナイ自分ハ食後ヤ其ノ他常ニ渇ヲ覚ヘル。故ニ鱈腹オ茶ヲ飲ミタイ欲望カラ「バザー」ニ出テ茶ヲノム。

ザクロ五ケ三十プル、菓子一アフガニーヲ買フ。ソレカララムプニ油ヲ買ッタ処一ヶ所デ一アフガニート称シタノデ一旦入レタモノヲ戻シテ他ノ店デ買フ（「カブール」デハラムプニ一杯二合位三十プル位デアル）。此ノ「ギリシュク」ノ「バザー」ハ旧城ノ南側麓ニ道ノ両側ニ新築サレタキチントシタ「バザー」デアル。（略）

一月十一日

今日午前中休憩。午後「ヘルマンド」川ノ渡船ノ処迄散歩ニ出ル。

何故今日「ムサカラ」ニ出発セヌノカ自分ニハ判ラナイ。昨日モ殆ンド遊ビデアリ今日モ亦遊ビ全ク二日ヲ徒費シテシマッタ。「ムサカラ」マデ僅カ六十哩デアル。如何ニ途ガ悪クテモ半日デ充分到着スルコトガ出来ル。

此ノ国ノ人ニハ仕事ニ予定ト云フモノガナイ。昨日云ッテ居ッタコトガ今朝ハモウ変ッテ居ル。毎朝、毎朝、又一定ノ処ニ到着スル度ビ行先ノ評定デアル。評定評定デ時間ヲ潰シテ仕舞フ。今日迄八日間正味ノ日数ハ三日位ノモノデアル。如何ニ能率ノ悪イカガ察セラレルデアロウ。

今日ハ少シ風邪気味デアッタノデ早クカラ寝ニ付ク。少シ熱モアルラシク寝床デ発汗スル。

一月十二日

午前七時半起床。少シハ熱アル様デアルガ起床スル。熱ノタメカ便通ナシ。

朝食後、午前九時半「ムサカラ」ニ向ケ出発ス。今ハ兵隊一人ノミ。十二時（正午）ニ「ムサカラ」ニ着ク。（略）

此処ニハ「アケミ〔ハキム。土地の有力者〕」、ダラジャエ、アクール」アリ。「ムサカラ」川岸ニアル点在セル部落ヲ合セテ「ムサカラ」ト呼ブ。「アケミ」ノ家ト「バザー」トハ一個所ニアリ。バザーハ「アケミ」ノ建物ノ正門ニ向ッテアル途ノ左右ニ二十軒位アル。斯ウシタ辺鄙ナ処ヘモ日本品ハドンドン進出シテ居ル。日本茶、布、茶器等ハ何処ヘ行ッテモ日本品デアル。

此ノ「バザー」ヲ下ッタ処ニ「ムサカラ」川アリ。四ツニ分流シ三ツハ灌漑水路デアル。何レモ毎秒〇・二―〇・一立方米位ノ水デアル。本流ハ毎秒一立方米位ノ水量ナリ。（略）川ノ中ハ約一粁位アリ。大部分ハ礫地ニシテ少シヅヽ、畑水田（稲ヲ作ル）等アリ。

「アケミ」ノ事務所デ昼食ヲスル。広イ庭内ニ四棟位ノ建物アリ。其ノ一ツノ一室ガ事務所デアル。大サ十五米×五米位。二ツノ入口アリ。中ニハ「サドランジー〔床用の薄い敷物〕」ヲ敷キ壁ニ副ッテ蒲団ヲ敷キ並ベル。一ツノ窓口ニ事務用ノ机二ツアリ。其ノ周リニ十個バカリノ粗末ナ椅子アリ。一ツノ机ニハ黒イ布ヲ、一ツノ机ニハ模様入リ護謨《ゴム》引キノテーブル掛ヲ掛ケタリ。其ノ上ニハ花模様入リノ硝子製花瓶ヲペン立トシタルモノ。花模様ヲ封ジコンダ硝子ノ文鎮二ケ大理石及雲母ノ文鎮各一ヶ宛《ズツ》アリ。

「アケミ」ハ五十才位ノ温厚ナ物識リノ人デアル。謙譲ナ物ノ言ヒ方ヲスル人デアル。

何処へ行ッテモ此ノ国ノ人ハ直キ人ノ俸給ヲ聞キタガル。此処デモ亦アフガン人同志デ僕ノ俸給話ヲ遣リ取リシテ居ル。一寸嫌ナ気ガスル。

「ムサカラ」ノ附近ハ小麦、大麦ノ栽培少シ。玉蜀黍【とうもろこし】ヲ多ク作ル。食事、大部分ハ玉蜀黍デアル。

一ゼリーブ　価格　五百アフガニー位

鋤一個ノ価格　百二十アフガニー位

今日ハ之レニテ休ミ明日ニ向ケ出発スル話ナリシ処、昼食後急ニ出発スルコトトナリ。馬ヲ仕立テ四時出発ス。自分ハ一人乗レナイノデ「サイドグル」ノ後ニ相乗リスル。途中ハ全ク丘陵アル沙漠ニシテ処々ニ谷間アリテ泉ヲ掘リ灌水及飲水ヲ得ル。其処ニハ部落ト僅少ノ耕地アリ。此ノ沙漠地モ必ラズシモ不良ニハアラザルモ水ナキ為メ利用出来ズ。途ノ中バニテ日暮レ「アラカダール」ノアル処ニハ七時ニ到着ス。行ヲ一緒ニセル兵二名ト荷物ヲ持ッタ子供ト「ユーソフ」氏ノ「ボーイ」ハ後レテ九時ニ到着ス。

古キ城ノ跡アリ。此ノ国到ル処ニ古城ヲ見ルハ、ウタタハカナキ人生ヲ思ハシム。如何ナル理由デ随分栄ヘタデアロウト思ハレル此レ等ノ城或ハ町ガ亡ビタノカハ知ル由モナイガ、水ノ消長

ガヤハリ之レヲ支配シテ居ルノデハアルマイカ。（略）
十一時「パラオ」ノ御馳走アリテ寝ニ就ク。（略）

一月十三日

午前九時半出発。馬ニテ「ヘルマンド」川ニ向フ。

今日ハ独リニテ馬上ス。落馬ハセザルモ遅々トシテ進マズ。他ノ人ニモ迷惑ヲ掛ケ自分モ疲ヲ覚ヘタノデ十一時半「バージュガル」ニテ馬ヲ止メ自分ハ川岸行ヲ止メ一人此ノ村ニ止マル。他ノ人ハ全部出掛ケタリ。村人ハペルシャ語ヲ話サズ。全ク退屈ナリ。ペルシャ語ノ単語カードヲトリ出シ暗記ヲ始メル。

村人ハ言葉ハ通ゼザルモ茶ナド汲ミテ歓待スル。十二時二十分他ノ一行帰着ス。此処ニテ昼食ス。（略）

一月十四日

朝食後、古城ニ登ル。高サ二十―三十米ノ土山ノ上ニ城ヲ作リタルモノノ如シ。頂上ハ百坪位ノ大サナリ。少シ屋壁残ルモ他ニハ何モ残リナシ。城麓ヲ広ク城壁ヲ以テ取リ囲メリ。頂上ヨリ

「ザミンダール」平原大部分ヲ鳥瞰スルコトヲ得。耕地ハ此ノ処ヨリ東南ニ向ッテ開ケ北西ハ沙漠トシテ谷間谷間ニ耕地ヲ見ルノミナリ。

此ノ平原ハ土質ハ loamy soil 〔ローム質〕ト云ヒ得ル。排水モ可良デアル。（略）

自分ノ測定シタモノデハ毎秒流水量ハ〇・一―〇・三位デアルト思フ。土質モ良ク、気候モ良ク、排水モ良イガ

一、灌漑水ガ不充分ナルコト。

二、運輸ノ便ノナイコト。

三、人口ノ不足スルコト。

ニテ栽培ニ成功スルヤ否ハ不明デアル。

土地ノ人ハ棉ヲ作レバ食物ヲ如何ニスベキカト云フ。然シ小麦、大麦ハ冬作デアリ、只トウモロコシノミガ棉作ト抵触スル丈デアル。故ニ之レハ理由トナラナイ。只掠奪農業ヲ行ヒ施肥セザル場合何レカ一作ヲ抛棄シナケレバナラヌ理由トハナル。此レハ此処丈ノ問題デハナイ。

此ノ十日間毎日食ベルモノハ同一ノ料理バカリデアル。料理ノ種類ノ少イコトハ驚ク程デアル。従ッテ作物ノ種類ヲ必要トシナイ。コンナ国デ作物ノ改良発達ト云フコトガ望メルデアロウカ。

午前九時半、「シェールケナ」ヲ出発ス。相変ラズ「サイドグル」ト相乗リデアル。十二時半「ムサカラ」ニ着ク。尻ノ痛イコトハ相変ラズデアル。

「シェールケナ」ヨリ出発シテ一時間位ノ間ニハ処々ニ「ムサカラ」アリ。又耕地、村アリ。

ソレカラ「ムサカラ」迄ノ間ハ全クノ沙漠ナリ。此ノ沙漠中ニモ良キ耕土ノ平原一、二ヶ所ハアリ。然シ水全クナシ。二時昼食ヲトル。（略）

午後ハ休息「ムサカラ」ニ一泊スル。

此ノ国ノ人ハドコ迄無智デアリ、無学デアルカ全ク想像ニ余ル。今日程スベテヲ不快ニ感ジタコトハナイ。異国人ト云フコトガ珍ラシイノカモ知レナイ。マルデ赤坊ニ物聞ク様ナ尋ネ方ヲスル。林檎ハナント云フカ。ザクロハナント云フカ。米ハドウスルカ。何ヲ食ベルカ。物ニハ度合ガアル。或ル程度迄ハ答ヘルノハ義務デアリ、友義デモアル。シカシ、其ノ態度ガ人ヲ嘗《ナ》ムルニ至ッテハ答フルノ限リニ非ラズ。遂ニ回答ヲ与ヘズ、無言トナル。人ノ俸給高ヲ噂ヲシタリ、身勝手ニ人ノ批評ヲシタリ民度ノ低イ国民ノ致シ方ナシトスルモ中ニハ外ニ行ッタ人モ雑ッテ居ルノデ其ノ教養ノ度ガ疑ハレル。

身分ノ高イ人ガ出入リスルト立上ルノガ礼デアルラシイ。此ノ時身分ノ高イ人ハ座レ座レト称シ急イデ腰ヲ据ヘルコトニ努力スル。此レモ一ツノ作法デアルラシイ。此レモ一度二度ナラ少シモ目障リニナラズ良イ慣シデアル。座ルニ作法ノナイ国デアルカラ此レ等ハ最モ良イ習慣デアロウ。然シ目上ノ人ガ立ツニツケ座ルニツケ半分持テ余シタ様ニ腰ヲ上ゲルノハ終リニハ不愉快トナル。

常ニ自分ニ有利ナ立場ヲトラントスル彼等国民ガ人ノ前丈デハ如何ニモ心カラ従ッテ居ル様ニ見セカケル。一ツノ「カモフラージュ」トシカ見ヘナイ。若シ相手ガ自分ニ何ノ利益モ与ヘナイトシタナラバ果シテ如何ナル程度ノ尊敬ヲ相手ニ返ヘスデアロウカ。

一月十五日

今日ハ「ノウザード」行キナリ。昨夜「ヌール」氏ハ馬行スル、オ前ハドウスルカトノコトナリシガ自動車路アルヲ以テ時間ハ要シテモ自動車行ヲ主張シ今日ハ自動車ヲトルコトトナレリ。仕度ヲシテ愈々出発スル段トナリ「ノウザード」宛ノ手紙ヲ持参シナカッタノデ一旦「ギリシュク」ニ引キ返ストノコトナリ。此レハ十二日ニ「ギリシュク」ヲ出発スル時用意スベキモノデアリ、其ノ時「ノウザード」ト「ギリシュク」トハ相続ケテ行クノダト云フコトハ明瞭タル事実デアッタ。ソレヲ用意セズニ出発シテ今又「ギリシュク」帰リデアル。丸二日ハ丸潰レデアル。何ント無計画ナ、不用意ナコトデアロウ。総テガ此ノ通リデアル。物事ノ甘ク行ク理由ガナイ。

九時四十五分出発十二時少シ前ニ「ギリシュク」ニ帰着ス。体ヲ洗ヒ、汚レモノヲ洗濯スル。奇麗サッパリシテ気持ノ良イコト此ノ上ナシ。

昼食ガ用意サレヌ（別ノ二人ハ欲シナイノデアロウ）ノデ「サイドグル」ヲ連レテ街ニ食ベニ行ク。パラオ二人分及茶ニテ二アフガニー五十プルナリ。

三時半頃「モハマッド」氏及「ヌール」氏ト「ヘルマンド」橋工事ニ来レル独乙人「シーマー」氏及「フリッツ・エベルト」氏（Stuhl—union exporter, diplomatic Engineer）ニ会ヒニ行ク。彼等ハ天幕生活デアル。「シーマー」氏ハ土木省ノ技師。好男子デアリ、人ノ応接、話振リモナカナカ上品デアル。既ニ五年此ノ国ニ居ルトカ。ペルシャ語モナカナカ達者ナリ。斯シタ政府ノ仕事場ヘデモ自国ノ商人ヲ引キ具シテ来ルコトハ日本人ニハ一寸考ヘラレナイコトデアル。

彼「エベルト」氏ハ如何ナル農具ガ入用カト尋ネカケル。然シ自分ハ政府ガ決定スルノデアッテ自分デハ云ヘヌト答ヘズ。外人ノ遣リ口ハ却々積極的デアル。「シーマー」氏ニシテモ恐ラク土木ノ専門家デアロウガ農業ノコトニモ却々口ヲ出シテ語ル。彼等ハ洵ニ大胆家デアル。茶菓ノ接待ヲ受ケテ帰ル。

「ユーソフ」氏、「ヌール」氏ト此ノ国ノ農組織ノ改革ニツイテ語ッタガ彼等ハソレハ出来ヌト称ス。然シ之レガ出来ナケレバ此ノ国ノ農業発達ハ到底見込ナシデアル。彼等ニ其ノ気力ガナケレバモウ手ノツケ様ガナイデアロウ。婦人解放問題ニモ少シ触レテ見タ。若イモノ、外国ニ居タモノハ其ノ必要ヲ感ジテ居ル。然シ今ノ処見込ナイ様デアル。

夕食ハ米ガ良イダロウトテ「パラオ」ノ用意ガサレタ。然シ疲労シテ居ルセイカアマリ甘《オイ》シクナイ。

同行ノ人達ハ「オ前ハヤツレタ」ト云フ。ソウカモシレナイ。物事ガ総テ腹立シクナル。気持ガ非常ニ短気ニナッタ。デモ我慢シテ行カネバナラヌデアロウ。

一月十六日

七時半起床。茶ヲ飲ミ読書ス。「ヌール」「ユーソフ」氏ハ九時起床。寝床一ツニ手ヲ触レナイ。水モ汲マナイ。洗面ハ総ニ湯デアル。顔ヲ剃ッテモ「ボーイ」ガ附キ切リデアル。家柄ヤ資財ハドウカ知ラナイガ農学校長、農業技師マデ斯カル生活デ果シテ此ノ国ノ農業ガ背負ッテ行ケルデアロウカ。今少シ彼等ハ政治的ニ行政的ニ動キ得ル人間デナケレバ此ノ国ノ農業改善ハ望ミナシデアル。自分カラ手ヲ下シ自分カラ物事ヲ処理シテ行ケル人間ヲ必要トスルデアロウ。

朝此処ノ「コンマンダニー」(之レハ一種ノ司法官デ殆ンド町長代理ヲ勤メル人デアル。「カブール」デハ警官又ハ軍人ノ長デアル)ガ写真ヲ撮ッテ呉レト云フノデ撮ッテヤル。先日始メテ来タ時撮影シヨウトシタ処ガ正式ノ服装ヲシテ居ラヌトテ撮影ヲ断ラレタ。今日ハ朝カラ正式ノ服装ヲ着ケテ出テ来テ向フカラ撮影ヲ希望シテ来タ。役人ガ平服デ仕事ヲシテ居ナガラ其ノ姿ヲ見ラレルコトハ非常ニ嫌ガッテ居ル。有識者階級ハアフガンノ平服姿ヲ外人ノ写真ニ取ラレルコトヲ非常ニ嫌ッテ居ル。

午後ハレポートヲ少シ書ク。運転手ヤ其ノ他ノ連中ガ側ヘ寄ッテ来テ却々仕事ガ出来ナイ。側デ話シ掛ケラレタリ、仕事ヲノゾカレタリスルト気ガ散ッテ仕舞フ。無教育ナ人間程相手ニナラヌモノハナイ。今日一日何故休ンダノカ僕ニハ意味ガ分ラナイ。僕ガ疲レテ居ルト云フ理由カモ知レナイガ、ソレナラバモッテノ外デアル。僕ハ疲レテ居ル。食事モ充分ニトレナイ。早々仕事ヲ終ヘテ帰リタイノガ山々デアル。ソレヲ彼等ノ悪イ手配リノタメニ晩《オク》レ晩レシテ居ルノヲ我慢シテ居ルノデアル。

夕食後早目ニ寝ル。

一月十七日

午前八時十五分「ギリシュク」出発。途中ニテ途ヲ迷フ（「サーミナール」ノ平原ナルベシ）。之レヲ正道ニ戻シテ十時□□ヲ通過。大キナ廃墟アリ。窪地ニ「カレーズ」ヨリ来ル水路ト畑アリ。

十時五十分□□ヲ通過。此処ニハオ寺アリ。村アリ。耕地モ多少アリ。此処ヨリ道路急ニ悪クナル。ソシテ「グルガィン」ノ山ニカヽル。「グルガィン」ヨリ「ホラジヤマール」ニ至ル間ニ良キ耕地アリ。良キ平原アリ。

午前十二時「ノウザード」ニ到着ス。此処ハ割合ニ樹木ノ多イ家モ一ヶ所ニ纏ッタ良イ村デアル。家ハ樹ガ多イ為メカ「カブール」ノ様ナ平タイ屋根ノ家デアル。（略）

昼食ヲ終ヘルコロカラ雨トナリ外出不能トナル。「アケミ」ノ家デ半日ヲ過ス。夕食ハ「パラオ」ナリ。我々ノ旅愁ヲ慰サムルタメ「アケミ」ハ音楽師ヲ呼ビ歌ヲ歌ハシム。一人ハ太鼓一人ハ手風琴ナリ。三曲ヲ唱フ。時ニ合唱、時ニ独唱、手風琴ヲ奏スル人ハテノール、太鼓ヲ打ツ人ハバスノ歌手ナリ。手風琴ハ欧州ヨリ移入サレタルモノニシテ純粋ノ土楽器ニアラズ。歌謡ハ欧州風ノ歌ヒ方ナリ。唯尾節ヲ長ク余韻ヲ残シテ歌フコト。音域ガ狭イコト（二オクターブ以内デアロウ）。従ッテオルガンモ二オクターブ半位デ高音ヲ弾クト自然ニ一オクターブ下ノ音ガ相和スル様ニナッテ居ル。弾法ハ片手丈デ単純デアル。曲ハ繰返ガ多ク、「トレモロ」少ク僅ニ∽ヲ有スル程度ナリ。又一音声ヲ長ク引イテ変調サレルコトモ少イ。大体歌ヒ方ハ印度ノ音楽ニ似テ居ルガ此ノ点ガ非常ニ異ル様デアル。オルガンハ全クガ伴奏譜ヲ奏デ主曲ハ歌手ガ唱フ。何レモ「アフガニー」デ歌ッタ。

夕食後菓子ト紅茶ノ饗応アリ。此レハ今迄ニナカッタコトデアル。食後茶ヲ飲マナイノガ此ノ国ノ習慣デアル（食事中ニ水ヲノム）。従ッテ食後茶ノ出ルコトモ至ッテ少イ。菓子ノ出ルコトニ於テヲヤデアル。

「ホシブドウ」、「ヌクル」、飴菓子トザクロノ如キ実ガ出ル。別室ニ休ム。此処デモ俸給ノ詮議、日本人、日本ノ批評等洵ニ嫌ニナル。

一月十八日

午前七時起床。昨日ノ雨ハ止ミタルモ充分ニハ空晴レ上ラズ淡曇。「ヌール」、「ユーソフ」両氏ハ「アケミ」ト共ニ五クロー許リ先ノ貯水シウル土地ヲ見ニ行ク。自分ハ馬ニ乗レヌノデ残ル。馬或ハ駱駝ヲ乗レル様ニ仕立テルナラバ自分モ行キ得ル。然シ彼等ニハソレ丈ノ親切サハナイ。スデニ「ギリシュク」デ「ヌール」氏ハ「オ前ハ此処ニ残レ」ト云ッタ。然シ自分ハ自動車ノ行ク処マデハ行クト云ッテ此処マデ来タノデアル。此処ヘ来テモ残レ残レト云フ。乗ッテ行ケル様ニ都合ヲツケテ呉レル親切モ手配モシナイ。全ク自分ノ都合ノ良イ様ニ仕事ヲシテ居ル。外人ト一緒ト云フコトヲ少シモ考ヘテ居ラヌ。愈々出発ニ際シテモ彼等丈デ「バザー」、「カレーズ」ヲ見テ出テ行ク。更ニ乗ル処ナラバ兎ニ角歩イテ行ク処ナラバ一緒ニ行ッテモ良サソウナモノデアル。

自分ハ「ダルラー」ト「タルジマホマッド」ト一緒ニバザー、カレーズヲ見ニ行ク。（略）午後古城ヲ見ニ行ク。「アケミ」ノ直グ近ク徒歩十分位ノ処ニアリ、殆ンド附近ノ住民ニ荒サレ今ハ台ヲ残スノミデアル（農民ガ此ノ城壁ヲ崩シテ肥料トスル）。石、人骨、陶器、什器ノ破片等多数出ル。古銭モ掘リ出サレル由。幾年昔ノモノカ不明ナルモ二百―三百年前ノモノナルベシ。陶器ハ「バミアン」ノ「シャーレゴロゴロ」カラ出ルモノト同一デアル。人骨ハ城ノ破レル時死ンダモノカ殺シテ壁ノ中ニ入レタモノカ不明ナルモ壁土ノ中ニガッシリト入ッテ居ル。此処ハ家ノ構造外観ハナカナカ大ナリ。「ギリシュク」カラ「マルフトブド」ノ間ノ家トハ比較ニナラズ、恐ラク裕福ナルベシ。

此ノ地方ハ排水良好、アルカリ結晶少シ。気温モ温暖、時ニ雪霜アルノミ。altitude〔標高〕三千—三千五百フィート。東北ハ山（四—五千フィート）アルモ西南ハ開ク。故ニ冬作トシテ豌豆〔えんどう〕、菜種、蚕豆〔そら豆〕、紫雲英〔レンゲ草〕育ツベシ。夏作、大豆栽培モ有利ナルベシ。
午後五時一同（馬行セシモノ）帰着ス。彼等アフガン人ノ人モナゲナ振舞ハ相変ラズ腹ガ立ツ。人ノ生活ニ非常ニ干渉スル。ドウシテ食ベル。之レハ何デアルカ。斯《カ》ク握レ。紅茶ガ良イカ。緑茶ガ良イカ。砂糖ヲ入レロ。沢山食ベロ、沢山食ベタ。少ク食ベタ。左手ハドウ、右手ヲ使ヘ、等煩イコト此ノ上ナシ。早目ニ休ム。

一月十九日

午前六時半起床。八時十分「ノウザード」出発。「ギリシュク」ニ向フ。十一時「ギリシュク」着。今日ハ上天気ナリ。「ギリシュク」ハ霜及氷ヲ見ル。「ギリシュク」ニ向フニ従ヒ雨ニ濡レタル痕跡ナシ。「ギリシュク」ハ全ク乾燥セリ。
今日ハホテルニ他ニ客アリタリ。我々一行ノ到着ニヨリ此ノ室ヲ譲リ物置キニ入ル。気毒ナリ。

一月二十日

午前九時出発―十時、「ヤフチャル」ニ到着ス。此処ヨリ耕地ヲ見ニ行ク。独乙人「シーマー」氏ノ設計ニナルモノニシテ（略）十六万ゼリーブヲ灌概セントスルモノデアル。三年間ノ工事デ昨年完成シ本年ヨリ通水セリ。（略）

之レヨリ自動車ニテ「ヘラテイザイ」ニ向フ。

行クコト約一時間ニテ「ヘラテイザイ」ニ到着ス。此処ハ本年出来タ村デアル。家ノ数ハ十戸位デアル（天幕ノ家）。然シ質問シテ見ルト此ノ家ノ中ニ六十家族位住ンデ居ルト云フ。然シ一寸考ヘラレナイコトデアル。一家族ノ耕作面積ハ三ゼリーブト云フ。

此処カラ約二十分間下流ニ下ル。然シ道ガナクナッタノデ此処カラ引返シ再ビ「ヘラテイザイ」ニ来、昼食ヲ取ス。「クルテイ」【乳製品の一種】ヲ昼食トスル。一寸手ガツカナイ。シカシ食ベナケレバ飢ヘルノデ無理ヲシテ食ベタ。オ茶モ塵ガ沢山浮イテ居ルシ茶椀モ汚イノデ驚イタ。此ノ新耕地ハ全クノ平タイ処デ土質モ悪イト云フコトハ出来ナイ。loamy soil【ローム質】ト云ヒ得ルデアロウ。未ダ十分ノ一以内ノ開墾デアロウ。

十二時「ヘラテイザイ」発「ヤフチャル」ニ引キ返シタ。

一時三十分「ヤフチャル」着。（略）

五時三十分「カンダハル」ニ帰着ス。池本様ノ家ニ帰ル。池本様、藤芳様ト夜晩ク迄語リ一時就寝ス。

一月二十一日

午後「ヌール」氏、「モハマッド・ユーソフ」氏ノ処ニ復命書ノ相談ニ行ク。調査結果ニツイテ意見ヲ交換シ日曜日迄ニ復命書作製スルコトトナル。文書ハ「ヌール」、「ユーソフ」氏ガ作ル。観察地略図ハ自分ガ作ルコトトナレリ。(略)

一月二十二日

今日ハ午前中話シ午後少シ仕事ヲスル。午後パンサー氏来ル。

一月二十三日

朝カラ旅行地域ノ地図ヲ書ク。午後ニナリ、「ヌール」及「ユーソフ」両氏総督ノ処ニ行キタルコトヲ知ル。池本様、藤芳様総督ノ処ニ行カレル。二十五日ニ総督ニ復命スルコトトナリ居リタルニ彼等丈デ先ニ行ッテ仕舞ッタ。

夕方「サイドグル」ニ事情問ヒ合セニ行ク。彼等ハ只挨拶ニ行ッタノダト丈答ヘタ。「ヌール」、「ユーソフ」両氏ハ明日カラ総督ニ着イテ「ボゴラ」ニ行クガ僕ニハ「カンダハル」ニ居残レト称シタ。然ルニ藤芳様ノ通訳ハ僕モ行クノダト云ッタ。何レガ正シイカ判ラヌガ「ヌール」氏ガ僕ヲダシ抜イテ総督ニ会ッタ処カラ推シテ或ハアル謀ミガアルカモ知レナイト云フ気ガシタノデ兎ニ角行クコトニ腹ヲ決スル。アフガン人ガ如何ニ功利心丈デ働イテ居ルカヲ知ルニ充分デアル。

コンナコトデハ当抵此ノ国ノ農業ノ発達ハ見込ガツカナイデアロウ。彼等ガ無教育者ナラトモカク仏蘭西デ教育サレタ此ノ国ノ最上級ノ農学者デ斯クノ如クデアル。

夕方池本様、藤芳様ト三人デ独乙人パンサー氏ヲ訪問スル。夜ハ二時迄復命書ノ概要ヲ考ヘテ個條書ニシテ見ル。

一月二十四日

午前九時出発。池本様、藤芳様、独乙人パンサー氏ト一ツノ車ニ乗ル。総督ヨリモ一足先ニ出発スル。

「ギリシュク」ヘ二時ニ到着。我々外人ハ「ホテル」ヘ、アフガン人ハ「ギリシュク」政府ヘ入ル。

総督一行ノ顔触レ。

総督ノ自動車——総督自身ノ運転、モハマッド・ユーソフ（農学校長）、ヌール・モハマッド（技師）、総督ノ守役（ララジャン）、他ニ一人。

土木課長ノ車——土木課長自身ノ運転、藤芳様通訳、他ニ二三人。

他ニ軍人ノ自動車、将校二人ニ兵卒十八位。

昼食ハ「パラオ」ガ出ル。

昼食後、池本様ノ水路へ視察ニ向フ。六時「マルギール」ニ着ク。我々外人ハ階下ニアフガン人ハ階上ニ席定マル。夕食迄一同相話シ別レテ夕食ヲ取ル。

僕ハ来ルコトニナッテ居ラナカッタノデ一行ガ「ヘルマンド」ノ橋ニ着キ始メテ皆ノ顔ガ会ッタ時総督ハ僕ニ対シ「君モ来タカ、疲レテ居ナカッタカ」ト云ッタ。自分ノ癖カモ知レナイケレドモ恐ラク「ヌール」又ハ「ユーソフ」ガ尾崎ハ疲レテ居ルカラ連レテ行カヌガ良イト云ッタモノト信ズル。彼等ハ極度ニ僕ヲ陥サントシテ居ル様デアル。喧嘩ハ禁物デアリ、黙ッテ居レバ乗ゼラルル。日本人ニ執ッテハ却々難シイ処デアル。

総督ハ「ネヘルサラジ」ヲ機械耕作ヲナサントスル意向デアル。何台ノ機械ト何人ノ農夫ガ入用カ設計シロト云ハレタ。

一月二十五日

午前九時出発沙漠ヲ越ヘテ一日「ボゴラ」水路ニ従ヒ「カラナディアリ」ニ十二時着。此処デ昼食、持参ノパント卵ヲ一同デ食ベル。

皇族ト云ッテモ平民ト少シモ変リハナイ。此ノ点ハ此ノ国ノ美点デアルガ一方下級官吏ガモウ少シ考フベキデアロウ。ペルシャ語ニ敬語ガナイ故デモアロウガ全ク友達ト話スト同一ノ言葉デアル。運転手デモ何ンデモ皆礼儀モ作法モナク前ニ進ミ出テ話シタリ、食ベタリスル。

茲デ用事ハ済ンダカラ外人丈ハ「カンダハル」ニ帰ヘレ、自分ハ他ヘ廻ルトノ総督ノ言葉ニテ我々一行ハ「ギリシュク」ニ帰リタルニ総督一行モ又「ギリシュク」ニ帰リ之レヨリ一日「ボゴラ」水路ノ上流ヲ見ニユクトノコトナリ。茶ヲ飲ミ又一行トナリテ三時出発。「カラエガズ」ニ向フ。

総督ノ車ハ沙漠ヲ横断スル意向ナルガ如ク「ムサカラ」行キノ道ヲ執レリ。池本様ハ其ノ途ハ知ラヌトテ一日水路ニ副ッテ行クベク案内ヲセラレタリ。

途中道甚ダ悪シ。「ヌール」氏曰ク何故此ノ悪路ヲ選ベルヤ、何故沙漠ヲ行カヌヤト詰メ寄レリ。池本様ハ沙漠ハ途ガアルカナイカ知ラヌ此ノ途丈シカ知ラヌト問《ママ》ヘラレタリ。「ギリシュク」ノ「アケミ」居リタルモ之レモ途ヲ知ラズ途ヲ知ッテ居ルモノハ池本様丈デアル。「ヌール」氏ハ恐ラク沙漠ハ平易ニ横断出来ルト考ヘタルナルベシ。二度バカリ総督ノ自動車ハ行キ止ル。四時半「カラエガズ」着ク。之レヨリ約一時間水路ノ取リ入レ口ニ至ル。此処ニテパンヲ立食ヒスル。総督モ河ノ水ヲ飲ム。六時此処ヲ出発ス。

来ル時ノ途ガ悪カッタ故カ沙漠横断ノコースヲ取ル。然ルニ十分位行ッテハ谷ニ突キ当リ之レヲ上流ニ上ッテハ横断シタノデ自動車ハ全ク方向ヲ取リ違ヘ「ギリシュク」トハ全然反対ノ「ムサカラ」ノ方ヘ北上シテシマッタ。遂ニ方向モ途モ失ヒ大キナ渓谷ニ突キ当リ、行キモ帰リモ出来ナクナッタ。幸ヒ月夜デハアッタケレドモ薄曇デアッタノデ充分ノ見透ハ出来ナカッタ。行クコト三時間遂ニ大渓谷ニ突キ当リ沙漠横断モ不可能トナリ、此ノ谷ノ中ヲ下ルコトトナリ。途ヲ作リ、或ハ兵ヲ斥候ニ出シテ苦心惨憺一時間位ニシテ元来タ途ノ中頃ニ辿リツク。十一時「ギリシュク」着。

此レ故ニ始メカラ沙漠横断ハシナイガ良イノデアッタ。池本様ニ対シオ前ノ案内シタ途ハ悪イト地理ヲ知リモセヌ癖ニ悪口ヲ云フナド以ッテノ外デアル。沙漠ニハ谷アリ、山アリ、砂地アリ、湿地アリテ其ノ横断ハ地理ヲ充分知ッタ人デナケレバ当抵出来ナイコトデアル。アフガン人ガ沙漠ノ国ニ生レ育ッテ之レヲ知ラズ一見平坦ニ見ヘルカラトテ沙漠横断ヲ主張スル事余リニ謀慮ノナイ国民デアル。沙漠探険デアリ、或ハ時間ニ余裕ノアル時ナラバ兎ニ角此ノ夕方ノ時間ノナイトキ此ンナ無謀ナ企ヲスルナド此ノ国民ノ無智サガ充分ニ判ルト思フ。又総督タル地位ニアルモノガ軽々ト途案内モナシニ不明ナ途ヲ選ブコトモ考フベキコトデアル。

然シ、総督ノ元気ナノニハ全ク感心スル。少シモ弱ラナイ。ズンズント進ンデ行クアノ気慨ハ全ク嘉スベキモノアリデアル。

一月二十六日

午後八時起床。十一時「カンダハル」ニ向フ。二時「カンダハル」帰着ス。一月振リニ初メテ湯ヲ使ヒテ体ヲ拭フ。

一月二十七日

小雨アリ。今日復命書ヲ書イタリ休息シタリスル。

一月二十八日

小日和。午前中洗濯ヲスル。復命書ヲ書ク。午後ヨリ夜ニ入リ雨アリ。

一月二十九日

復命書ヲ書ク。

一月三十日

午前中連名デ出ス復命書ニツケル地図ヲ以テ「ユーソフ」氏ノ所ヲ尋ネル。「ヌール」氏ハ不在、「ユーソフ」氏ハ復命書ヲ書キツヽアリタリ。

午後「アルガンダブ」川ニ行ク。「アルガンダブ」川ヲハサンデ両岸ニハ驚クニ足ルホド部落発達シ美シキ果樹林アリ。杏、ザクロ、バダム、イチジクヲ認ム。葡萄ハ見当ラズ。落葉樹ノミナリ。ザクロ植付十尺四方ニ畦ヲ作リ其ノ中ニ六尺×六尺ノ株間ニ四本植。檜類十本位ノ林アリタリ。此々ニハ名高キ「ジアラテ〔聖地、聖廟〕」アリ。「ジアラテババー」ト称ス。

帰リニ「カンダハル」ノ近クニテ葡萄園ヲ見ル。（略）

一月三十一日

午前十一時「ユーソフ」、「ヌール」両氏ヲ尋ネ同道ニテ総督ヲ訪ヒ復命書ヲ提出ス。復命書ハ一部ハ「ユーソフ」、「ヌール」氏ト連名、一部ハ英文ニテ自分一個ノモノナリ。十二時半退出ス。

二月一日

一日中家ニアリ。

二月二日

市ノ附近ヲ見テ歩ク。

蔬菜――チシャ、ホーレンソウ、ガンダナ、タラテザー〔瓜科の野菜〕、青茎玉葱アリ。
　八百屋ニハ以上ノ外大根、人参、玉葱アリ。

果物――林檎＝株間四米×四米。八米×四米ノ広サ毎ニ畦ヲ作リ其ノ中ニ二本植トスル。剪定ハ行ハレズ。

杏＝株間十尺×十尺　一畑ノ中ニ四本植。今中耕ヲ行フ。
此ノ地方ハ果物ト蔬菜ハ別々ニ栽培ス。タンポポ花盛ナリ。猫柳ガ花盛ナリ。麦ハ今頃五寸位ニ伸タモノアリ、（略）今頃之レヲ刈リ取リテ家畜ノ飼料トシ更ニ発芽サセテ子実ヲ収穫スル。今木ヲ植ヘル。二米位ノ枝ヲ街路ニ穴ヲ掘リ挿木シツヽアリ。

二月三日

一日中家ニアリ。

二月四日

鈴子ニ電報スル。宛名ヲ入レテ十文字ニテ三アフガニ一五プルナリ。「ヌール」、「ユーソフ」氏ヲ尋ネタルモ不在。

二月五日

一日家ニアリ。

二月六日

愈々「カブール」ニ向ケ帰ルコト丶ナリ「ヌール」、「ユーソフ」氏ト共ニ総督及土木課長ニ挨拶ニ行ク。

午後出発ノ予定ナリシモ自動車ノ準備出来ズ遂ニ出発不能トナレリ。

ブリキノトランクヲ買フ。二十アフガニーナリ。（略）

二月七日、八日

（略）午前十時三十分長イ「カンダハル」ノ旅ヲ了ヘテ立発ス。池本様ヨリ柘榴ヲオ土産ニ頂ク。自動車ハ総督ヨリ与ヘラレタル貸リ切リノ一噸半ノ貨物車ナリ。例ノ二人ハ例ノ通リ運転台ニ席ヲ取ル。荷物ト共ニ僕、「サイドグル」、例ノ二人ノ人ノボーイ二人ガ後ニ座ル。外ニ一人相客アリ。如何ナル人デ何処へ行クノカ知ラズ。

愈々自動車ガ動キ出ス。然ルニ「カブール」ノ途ヲ取ラズ、横道ニ入レリ。如何ナルコトナリヤト思ヒシ処、税関ノ後方ニテ停車。一同下車名前ヲ尋ネラレ一人ニツキ一アフガニーノ課税ヲセラル。如何ナル理由ナルヤ充分知ルヲ得ザリシモ「カンダハル」ヨリ「カブール」ニ行クモノハ「カンダハル」ヲ出ル時皆一アフガニーヲ支払フ義務アル由ナリ。通行税、或ハ出市税ナルベシ。

此処ヲ出発シテ一、二分ニテ「カンダハル」市ノ出口ニ来ル。此処ニテ税金支払ノ受取ヲ徴シ荷物ヲ調ベル。此レニテ煩《ウル》サイコトモ皆済ンデ途モ良ク二時四十分「ジャルダーク」ヲ通過。三時三十分「カラート」着。「カラート」ニテ茶ヲ喫シ四時出発。今夜ハ「シャジョイ」泊リノ予定ナリ。「カラート」ヲ去ルニ従ヒ途悪ク左右ノ山ニ次第ニ多ク雪ヲ見ルニ至ル。

行クコト一時間半前方ニ自動車停止セルヲ見ル。近寄リ見ルニ泥濘ノ中ニ没セリ。道ヲ妨ギテ前進スルヲ得ズ。止ムヲ得ズ自動車ヲ下リ民家ニ泊ルベク民家ヲ探スコトニセリ。一キロ半ニテ民家アリトノコトナレバ一行勇躍行進セルニ小暗次第ニ加リ四哩位行クモ遂ニ民家見当ラズ只犬ノ遠吠聞ユルノミナリ。仕方ナク又自動車ニ泊ルベク引キ帰ヘス。

途中懐中電燈ノ光ラシキモノヲ見ル。声ヲカケタルモ返事ナシ。空腹、渇ヲ覚ユルコトシキリナリ。僅カニザクロ一ヶヲ食ベ疲レタル足ヲ引キ引キ八時半自動車ニ引キ返ス。夕食モ蒲団モナク外套ヲ被ッテ寝ニ就ク。

夜ノ進ムニ従ヒ寒冷加ハル。上半身ハ外套アリテ暖カリシモ足ノ冷キコト此ノ上ナシ。殆ンド眠ラズ。然カモ夜半ヨリ冷雨加ハレリ。大勢ノアフガン人ト雑魚寝ナレバ蚤ノ取リツキタルニハ閉口セリ。

六時頃一同起キ出デ進行スルヤ否ヲ評議。前車ハ掘出ヲ始メタリ。幸ヒ石アリタルヲ以テ之レヲ敷イテ前進スルコトニシ石ヲ敷キテ途ヲ作レリ。前車モ九時頃愈々脱出セリ。我々モ途出来上リ前進ヲ開始セルモ遂ニ進マズ、前車ニ大勢ノ人アリ。後押ヲ依頼セルモ肯ゼズ。仕方ナク一旦「カラート」ニ引キ返スコトニ決セリ。雨次第ニ激シクナル。

「カラート」へ返ス途中一台ノ自動車来レリ。此ノ自動車ハ兎ニ角行ケル処迄行クトテ進行セリ（夕方電話ニヨレバ我々ノ引キ返シタル処ニテ自動車破損セル由ナリ）。

十二時前ニ「カラート」ニ着キホテルニ入ル。昼食後夕方迄寝床ニ入ル。此ノホテルハ「ギリシュク」ノモノヨリ良好ナリ。室六―七室アリ。家具モ可成立派ナリ。夕方雨止ム。此ノ分ナラバ明日一日天気ヲ保テバ翌日ハ進ミ得ベシ。

二月九日

今日ハ上天気ナリ。然シ途ハ未ダ充分ナラザルガ如シ。一日中ホテルニ居ル。復命書ヲ書イタリ、英語ヲ勉強シタリスル。

二月十日

今日ハ朝ヨリ上天気ナリ。出発スルモノト思ヒシニ出発セズ、「カブール」ヨリ二台ノ自動車着ク。「カンダハル」ヨリ四台「モコール」ニ向ケ通過ス。然レドモ「ヌール」氏ハ「モコール」ニ到着シタル自動車ナシトテ出発ヲ肯ンセズ。

午後、ホテルハ高価ナリトテアフガンノ宿ニ移ル。僕ニハ甚ダ苦労ナリ。彼等ハシキリニ「カンダハル」ニ帰リ印度廻ヲ主張ス。然シ自分ハ賛成セズ。

二月十日夜中ヨリ二月十一日

兎ニ角寝ニ付クコトトナリ七時半就寝ス。寝台ヲ拡ゲテモ早朝寒ヒノガ嫌ナノデ土間ニ蒲団ヲ敷イテネル。床ニ入ルト体ノ中ヲ何ンダカゴソゴソスル。蚤カ或ハ蝨《シラミ》デハナイカト思ハレル。二月ニ近イ間着ノミ着ノ儘デアルカラ不潔ナコトコノ上ナシデアル。

一寸マドロミ掛ケタ頃「カンダハル」ヨリ自動車来リテ「モコール」ニ行クト云フ。之ノ運転手ハ我々ヲ「ギリシュク」迄乗セテ、歩イタ人デアル。途モ凍ッテ居ルカラ是非行クト云フノデ一同出発スベク荷物ヲ纏メル。然シ「ヌール」、「ユーソフ」氏ハ前車ガ「モコール」ニ着タ知ラセガナイカラ立テヌト躊躇スルコト久シカリシモ漸ク説ヒテ七時出発。

「シャジョイ」ノ近カラ雪トナリタルモ途ハ全ク凍リテ午前三時半無事「モコール」ニ付ク。宿ハ皆戸ヲ閉ス。此処ニテ宿ヲ起シタルモ却々起キ出デズ漸クニシテ一軒ヲ起シ茶ヲノミ火ニ当リ八時迄休憩ス。

此処ニハ「カンダハル」カラノ自動車全部停滞セリ。「カブール」カラ来タモノ等ヲ合セルト十台アリ。

今朝ハ郵便車ヲ先陣ニ我々ガ第二陣。「ギリシュク」ヲ引キ廻シテ来レリ自動車ガ第三陣ヲ承ッテ八時半「モコール」ヲ出発ス。雪ハ五十cm位アリ。日ノ昇ルニ従ヒ途悪ク一時間位ノ処バザーニテ郵便車ハ泥中ニ没ス。一行遂ニ前進ヲ中止スルノ止ムナキニ至リ、人家ニ入リ休憩ス。初メ「マスジッド〔礼拝所〕」ニ休ミタルモ後カラ後カラト自動車ガ到着シ仮宿ヲ求メテ集マルモノ五十名近クナル。一行ノ中ニ軍人アリ。外人ニハ気毒ナルベシトテ民家ヲ斡旋シテ呉レル。アフガン人ハ斯ウシタ親切ハ多分ニ持チ合セテ居ル。洵ニ快イ親切デアル。然シ一方ニハ洵ニ残忍ナ性質ヲ持ッテ居ル。此ノ軍人ハ郵便車ニ乗リ合セテ居ッタ軍人デアル。此ノ郵便車ガ泥中ニ没シタ時ニ人夫ヲ徴発シタガ誰モ来ナカッタラシイ。其レヲ憤慨シテ「マスジッド」内ニ居ッタ一人ノ老人ニ理由ヲ聞イタ処其ノ老人ガ口答ヲシタ処政府ノ車ダ、ソレヲ援助シナイノハ不都合ダトテ部下ノ兵ヲ呼ビ老人ヲ拘引シ鞭打ノ刑ニシロト命ジタ。公衆ノ中デノ罵リデアル。此ノ国ノ人ニハコウシタ極端ニ相反シタ性質ガ沢山ニアル。「ムッスルマン〔イスラム教徒〕」ハ嘘ヲ言ハナイ、喧嘩ヲシナイト互ニ口デ謂ヒナガラ嘘ヲ云ヒ喧嘩ヲスル。之レハ常ニ市中デ見ルコトデアル。

「マスジッド」カラ移ッタ民家ハ新築ノ一間家デアッタ。二室ノ戸ニナッテ居リ室中ニ「オンドル（タンドウル）」ヲ引イテアリ。又羊トモ同居デアル。室ノ一坊ニハ麦、トウモロコシ等ヲ貯蔵スル「カンドル」ト称スルモノアリ。土デ作ッタ角筒デアル。下ニハ電気ノ簏《ママ》子ノ如キ脚ヲツケテオル。壁ニハ各所ニ半円形ノ窪ミヲ作リ物置棚トスル。之レニ燈心ノ明ヲ点ジテターバンヲ巻イタ男ガ立ッテ居ル処ハ何ントナク宗教的ナ崇敬サヲ感ズルト共ニ世界カラ取リ残サレタ淋シイ或ハ原始的ナ粗野ナ感ジガスル。

寝具ハ自動車ニ遺シテ来タノデ此ノ家ノ蒲団ヲ足ニカケ肩ニハ外套ヲ被ブッテ寝ル。

二月十二日

午前一時半起床。

約二哩先ニ残シタ自動車ニ至ル。然シ運転手未ダ来ラズ。又宿ニ帰リテ運転手ヲ探ス。昨夜ノ打合ガ充分ナラザリシモノノ如シ。運転手ノ家ヲ探スモ判明セズ。又自動車ニ戻リ助手ヲ探シテ漸ク家ヲツキトメ四時漸ク出発ス。二台ノ自動車ハ二時出発ス。

行クコト一時間先発ノ二台ノ自動車泥中ニ落チテ引キ上ゲニ困難シツヽアリ。道ハ雪ト泥中ニ落チタ自動車ニ塞ガレテ前進デキズ、除雪作業ヲスルコト二時間ニシテ通路ヲ作リ六時出発ス。此ノ間ニ「ヌール」氏ハ泥中ニ落チタ自動車引上ゲノ音頭ヲ取リ成功ス。斯ウシタコトハ甚ダ器用デアル。途中途甚ダ悪シ。雪モ一尺―二尺アリ。

行クコト又二時間ニシテ自動車スリップシテ雪ノ中ニ突込ム。之レヲ引キ上ゲルタメ土ヲ掘ッタリ、車ヲ押シタリスルコト一時間半、九時半ニ出発ス。日モ次第ニ高マリ凍リモ解ケ始メテ道モ愈々悪シ。然シ土質次第ニ良クナリ砂土トナリタルタメ割合ニ楽ニ進行シテ十一時半「ムシャキ」ニ到着ス。此処ニテ茶トパンヲ済シ一時「ガズニー」ニ着ク。

昼食後バザーヲ歩ク。宿ハ自動車ノ「サライ」ノ二階ニ決スル。敷物二枚ヲ借リル。「サイドグル」ノ弟ト其ノ友達ガ「ガズニー」ノ兵士ナノデ之レモ宿ニ泊リニ来ル。夕食モ一緒ニトル。町デ羊毛ノ外套二枚（一枚七十五アフガニー）トチョッキ一枚（十二半アフガニー）陽チャンノチョッキ（七・五〇アフガニー）一枚ヲ買フ。

夕方郵便車及他ノ二ツノ自動車来ル。夕方十時頃寝ニ就クヤ「サライ」ノ主人及「ユーソフ」氏、「ヌール」氏ノボーイ来リ。外人ハホテル以外ニハ宿泊ヲ禁ゼラレタリ。政府ノホテルニ移宿スベシト知事ヨリノ命令ナル旨伝達シ来ル。各所ヲ二月ニ亘ッテ廻リ未ダ嘗テ斯ルコトヲ謂ハレタルコトナシ。各所トモ自由ニ民家ニ泊レリ。既ニ床ヲ伸ベ寝ニ就ケルモノヲ今更移宿モ大変ナルヲ以テ助手ヲ知事ニ使シテ理由ヲ聞カシメタルモ知事面接セズ移宿ヲ強制セリ。十一時ホテルニ移ル。早朝出発ニ際シ宿料ヲ請求ス。知事ノ強制命令デアルコト、政府ノ命ニヨル旅行デアルコトニヨリ宿料支払ヲ拒絶セルモ応ゼズ。宿料ヲ強要ス。知事ニ電話シロト命ズルモ電話セズ。結局知事ガホテル収入ヲ上ゲントスル手段タリシニ過ギザリシモノト思フ。

二月十三日

午前五時「ガズニー」ヲ出発ス。途中「シャシガウ」、「スルタンヘル」、「サイドアバッド」、等雪一米位アルモ砂土ナルタメ道良ク十二時「バラキバラク」ニ着ク。此ノ辺ハ雪少シ。「チッキアルガンデー」ハ通行困難ナルタメ「ロガール」ニ廻ル。
昼食後直チニ出発六時「カブール」ニ帰着ス。「タハタプル」ニテ一行ニ別レテ家ニ入ル。

二月十六日

復命書ヲ商務省ニ提出。

二月二十七日

三名連名ノ復命書ヲ商務省ニ提出ス。

第二回調査行

一九三七年（昭和十二年）六月十三日

午後印東様ヨリ用事アル故来テ呉レトノ迎アリ。参上セルニ農学校長「モハマッド・ユーソフ」氏ト対談中ナリ。用向ヲ伺フニ文務大臣ヨリ校長ニ対シ印東カ又ハ尾崎ノ何レカ一人ト一緒ニ「カンダハル」ニ行キ棉ニ病害虫発生シタル由ナレバ調査ニ行クベシトノ命ナリ。誰レカ行ッテ呉レトノ事ナリ。良キ機会ナレバ印東様ニ奨メタルモ体ノ具合ガ悪イカラ行ケヌト申サル。自分モ「ボブール」、「ビニヒサール」ノ畑ニ大事ナ仕事ヲ持ッテ居ルノデ行クコトヲ断ル。

六月十四日

午後校長来ラレ僕ニ一緒ニ行ケト総理大臣ノ命令ナリト告ゲラル。又丁度商務省ヨリモ明十五日午前八時出頭スベシトノ命令来ル。

六月十五日

午前八時商務省ニ出頭。大臣ヨリ総理大臣ノ命ナレバ「カンダハル」ニ調査ニ行クベシト命ゼラル。文務省ニ行キ文務次官会ヒ午後三時出発ト決定ス。農学校長ト同道ナリ。「ボブール」、「ビニヒサール」ノ仕事ヲ助手ニ言ヒ付ケ、荷物ノ準備等大忙デアル。良イ機会ナノデ鈴子モ一緒ニ行ク。

此ノ度ノ旅行デ意ニ解セラレヌコトガアル。ソレハ、

一、棉ノ栽培ハ商務省ノ仕事デアル。ソレヲ何故ニ文務省ガ関係シテ商務省ハ単ナルオブザーバーニ過ナイノカ。

二、非常ニ急ニ出発ヲ迫ルノハ何故カ。之レハ皇族ノ命ナル故カトモ考ヘラル。

三、総理大臣ヤ皇族ノ命令デアレバ他ノ仕事ハドンナニナッテモ良イ。少シモ他ヲ省ミナイ

ト商務大臣ノ如キ地位ノ人デモ御無理御尤デ如何ナル命令ニモ服シテ居ル。僕ノ「ボブール」、「ビニヒサール」ノ、仕事モ恐ラク半端ニナルデアロウ。

午後四時ニナルモ自動車来ラズ。四時半頃校長来リ。今日ハ車ノ準備出来ズ。明日朝四時ニ出発ト告ゲラル。

六月十六日

午前三時起床自動車ノ来ルヲ待ツ。出発予定ノ四時ハ勿論五時六時モトックニ過ギ遂ニ九時漸ク来ル。相変ラズ当ニナラヌアフガンノ約束デアル。

農学校長「モハマッド・ユーソフ」氏ト其ノ従者、僕ニ鈴子ノ四人ノ旅ナリ。途中二回ノパンクヲシテ三時ニ「ガズニー」着。一時間昼食ヲナシ四時出発。七時ニ「モコール」ニ着ク。「ガズニー」ヲ少シ立ッタ処ハ小麦稍々黄クナレル。他ハ未ダ青シ。「モコール」ニ近ク目下メロン類一寸位ノ大サナク、此ノ辺ハ平地ニ一寸位ノ鞍ヲ築キテメロンヲ作レリ。サンザシノ木アリ。途中岩ノ上ニ多数ノトカゲヲ見ル。

「サイドアバッド」ト「チョッキーアルガンデー」トノ間デ近藤様ノ自動車ニ会フ。

六月十七日

（略）午前六時「モコール」出発、「カンダハル」ニ近ヅクニ従ヒ麦ハ黄クナリ、処々ニテハ既ニ刈リ取リ調製中ノモノアリ。二回パンクスル。

十一時「カラート」着。午後四時出発。途中一回パンク、午後八時「カンダハル」着。

六月十八日

一日休憩ス。

六月十九日

午前十一時総督（ダウッド・ハーン）ニ面接ス。棉ノ害虫トシテ見セラレタルモノハ根切虫ナリ。炭疽病モアルノデハナイカト思ハレル。棉種実ヲ取寄セテ切断シテ見ルコトニ話シスル。未ダ何処へ行クノカ不明ナリ。

六月二十日

行ク先ノ通知ナシ。総督ニ九時半出頭ス。丁度校長ト総督トガ登庁ス。直チニ附近ノ棉畑ヲ見ニ行ク。（略）室外ハ勿論室内モ暑クテ夜ハ十二時マデ寝ラレヌ。

六月二十一日

午前中待ッタルモ遂ニ仕事場へ出発ノ通知来ラズ。正午ニ自動車迎ヘニ来ル。昼食ヲ了ヘテ出発スル。「アケミ」ノ処ニテ昼食ノ用意アリトテ二度目ノ昼食ヲトル。

午後一時十五分「カンダハル」出発。「アルガンダブ」ノ橋ノ処ニテ右ニ折レ、「アルガンダブ」川ニ添ッテ「ダアラー」ニ向フ。途中ハ殆ンド沙漠ニテ丸デ蒸シ風呂ノ中ヲ行クガ如シ。自動車ノ窓ヲ開ケバ熱風吹キ込ム。故ニ窓ヲ閉メタル方凌ギ易シ。車ノ中ニアリテ頭髪ハ焼ケルガ如クニ暑ク着物モ火ニアブリタルガ如ク暑シ。

二時間半ニテ「ダアラー」ニ到着スル。暫ク休息ノ後棉ノ畑ヲ見ル。（略）

六月二十二日

午前七時出発帰途ニ着ク。途中三回パンクスル。余リノ暑サニトウトウ床ニツク。

六月二十三日

今日ハ「カブール」ニ帰ヘル挨拶ニ十時総督ノ処へ行ク予定ナリシモ下痢ト頭痛デ床ニツク。午後四時少シ具合モ良クナッタノデ挨拶ニ行ク。此ノ度ノ病気ハ恐ラク日射病ナルベシ。簡単ナ報告書ヲ提出ス。

六月二十四日

午前三時出発帰途ニツク。正午「モコール」着。一泊。

六月二十五日

午前七時出発。一時間位ノ処ニテ自動車破レ民家ニ入ル。大勢ノ人々集ラレテウルサシ。正午「ローリー」ヲ見付ケテ出発。「ガズニー」近クニテ又此ノ「ローリー」破レ他ノ「ローリー」ヲツカマヘテ夕方七時「ガズニー」ニ着ク。此ノ間ハ普通三時間行程ナルモ今日ハ十二時間ヲ要セリ。

六月二十六日

朝八時出発。十二時「カブール」着ス。

六月二十八日

商務省ニ挨拶ニ行ク。復命書ノ写シヲ提出ス。

カシミール遊記

国境の町ペシャワールへ

海抜六千五百尺、人口十二万のカブール市は、アフガニスタン国の首府とは謂へ、外国人が生活するには未だ不便が多い。張り切つた仕事でも持つて居なかつたら、此処で三ヶ年も滞在するのは随分長いものに感じられたであらう。在任中一歩も国外に出る機会を持たなかつた私達夫婦にとつて、三ヶ年の任期を了へ、印度側の国境町ペシャワールに辿り着いた時の心持は何んと表現したらよいであらう。

食事をするにも寝るにも、幅四尺奥行二尺五寸位の運転手の席しかない三トン積の貨物自動車に便乗して、山越え谷越え沙漠を走り、川を渡り、或る時は時速僅かに一マイル、カブール・ペシャワール間二百三十マイルを約三十時間徹宵の旅を続けてペシャワールのホテルに降り立つた時、二人の眼には何故とも分からぬ露が結んで居た。

日本の土地を踏むには、此処から直行して孟買《ボンベイ》で直ぐ船便があつても、尚三十日を要する。

ターバンを頭に捲き着けた人の姿、日乾煉瓦を積み上げて作つた建物、市中を行き交ふ駱駝や驢馬の群、羊脂を多量に使用して作つた料理から発散して市街一杯に漂ふどぎつい臭ひ、サモワールを店頭に並べた喫茶店、形も色も香もどこにカブールのそれと異るところがあらう。而も印ア国境から自動車で僅かに一時間の距離しかないのに、どうしてこんな気持になるのであらう。犬に追ひ掛けられた幼児が、母の腕に抱かれてもう何事もなかつたかの様にスヤ〳〵と眠るあの安堵にも似た気持である。其の夜、ホテルの食事は世界で一番おいしいものにさへ感じられた。

しなければならなかつた多くの仕事を持つて居た私には、アフガニスタン其のものは決して嫌ではなかつた。摂氏三十五度を越える夏の暑さも、零下十度に降る冬の冷たさも、空気が極端に乾燥して居るので少しも苦にならず、慣れてしまへば住民にも限りなき親しみが感じられる。それなのに此の気持――自分ながら全く判らない。彼地二ヶ年間の滞在中に無意識に脳裏に植ゑ付けられた何物かが旅愁となつて二人の気持を搔き立てたのであらう。

ペシヤワールは印度とアフガニスタンとの交易の要路であると共に、印度西北国境地帯の軍事的中心地であるが、その外は何ものもない沙漠の中の消費都市である、たゞ英国軍人官吏の往来、滞在も多いので、ホテルの設備はかなり立派に出来て居る。印度のホテルは何処でもさうであるが、投宿すると直ぐに時間定め、或は日雇の使用人が雇へるのは便利である。気の利いた仕事は出来ないが、荷物の始末や、小走り使ひや、簡単な道案内位は出来る。彼等は其のサービスの良否に就いて仕へた旅客からの証明書を持つて居て、新客があるとそれを見せて職を得るの手段に使つて居るが、中には字の読めない悲しさに「此の男は手が長い、御用心肝要」だの、「猫の番でもさせたらよいでせう」等と書いてあるものを後生大事に持つて居る者も少くない。ホテルで彼等に逢ふのは印度旅行中の楽しみの一つである。印度のホテルで只一つの煩はしさは、さあ出発となると、室《へや》付のボーイであると否とに拘らず、手の空いたボーイがズラリと室の出口に並んで、「サーブ、バクシシ」(旦那お心附けを)とねだることである。この時ばかりは印度で最もやかましいカースト(四姓)の差別の謹みや、誇りも忘れて、上は食堂のボーイから下は風呂番まで、五人以下で済んだことはない。勿論ホテル勘定の一割心附の外である。英国人はこんな場合合金を床に投げて与へて居る。

アフガニスタン滞在中補給の出来ないまゝに、持つて行つた着物も皆着破つてしまつて、食堂へ着て出るものさへなくなつた妻の着物もこゝでどうにか整つたので、三日目の朝三年振りに汽車の客となつて待望のカシミール王国への旅に上る。手廻品は大小のスーツ・ケース各一個とベッディング(寝具)一個だけ、何時何処でストップしても準備なれりである。

カシミール入り

雨水に浸蝕せられて平原とも丘陵とも判らぬ赤土の不毛地を、インダス河に沿つて南東に走ること四時間半、汽車は英領パンジャブ州のラワルピンディに着く。

此処からカシミール王国の首府スリナガール迄二百マイルの間は、大正の末期に東京市内を走つて居たやうな小形の乗合自動車も通つて居るが、短日の旅行には時間が惜しいし、カシミールに入る迄には幾つかの州と藩王国を通過し、その都度道路税を支払つたり、税関検査を受けたりするのに、乗合自動車では相客があつたり、手続も自分でしなければならなかつたり煩はしいことが多いので、往復百十ルピー（日本金の約百五十円）を払つて特別に自動車を雇つた。運転手は日本人向のする気立ての良ささうな男であつたが、英語はあまり達者ではなかつた。幸ひペルシャ語を少し話すので、英語と語り混ぜて用を弁じた。

舗装道路のアスファルトも溶ける様な暑さ、半ズボンにシャツ一枚の身仕度で午後二時過ぎラワルピンディの町を出発する。町外れでガソリン注入の為め車が止まつて居ると、一人の男がやつて来て窓の外から香りの高い一握の白い花を膝の上に置かうとする。運転手が断つたので其の男は恨めしさうに車から遠退いて、車の出るまで私達の方を見守って居た。これも恐らくホテルのボーイと同じくバクシシを求めて居つたのであらう。

車は時速四五十マイルの速さで、躑躅《つつじ》の木に山梔《くちなし》の小さい菜を附けたやうな灌木の林の中の、美しく舗装された道路を滑るやうに走つて行く。出発後約一時間、横木に堰き止められて最初の道路税を払ふ。自動車一台に就き一ルピー半、乗客の負担である。支払が済むと堰木は開かれて車は再び走り出す。此の辺から視界は次第に狭まり道も傾斜度を増して曲折も多く、遂に自動車の速度も二十マイルに落ちて森林地帯に入る。

坂路を上ること一時間にして車は海抜七千五百尺の山頂にあるムヲリエの町に着く。此処も藩王国の一つらしく、町の入口で入国税を取られる。附近一帯は松や杉の密林で、赤松の成育は殊に良好である。

九月だといふのに道行く人々は冬の外套を重ねて居た。麓のラワルピンディは海抜千六百尺しかないとは云へ、そこから僅か二時間三十九マイルの差で、何んといふ大きな気候の変化であらう。カシミールに行けば涼しくなるとは予想して居たが、外套を着なければならぬ程寒いとは思はなかつたのでスーツ・ケースの中には冬物は一枚も入れて来なかつた。車の中で只ブル〳〵震へて居るより外はない。

ムヲリエは北部印度在住英人の避暑地で、鬱蒼と茂る松杉の間には色様々の美しい欧風建築が隠顕して居る。断崖の上にも、曲り角にも、真白に塗つた標示物を置き、見透《とほ》しの利かない処や道幅の狭い処には中央に白線を印して九十九折のドライブにも聊《いささ》かの不安もない。しかしその処々に介在する土人の町は余りにも現代文明から取り残された存在である。形を見て他人の幸不幸を論ずることは出来ないが、被征服者の惨めさをまざ〳〵と見せつけられるやうな気がする。

ムヲリエの町を過ぎ去ること約五マイル、山陵尽きて道は峡谷の絶辺に出る。右側五千尺の底には銀蛇の如くカシミール河の流れが光る。ムヲリエの町より二十一マイルの処で道は再びパンジャブ州に入つた。山腹を迂曲して谷底に下ること一時間余、気温も昇つて来て夏服でも寒くない程度の快い涼しさになる。此処からカシミール河の右岸に沿うて上流に走ること二三十分。英領西北国境州（ノース・ウエスタン・フロンティア・プロビンス）の小邑海抜二千尺のコハーラーに着く。道路税を払つてカシミール河を対岸に渡ればいよ〳〵カシミール王国である。王国といへば、日本を離れる迄は印度は全部英国の土地ばかりと思つて居たが、印度内を旅して見て、英国の政治的干渉は受けて居るが、英国の土地ではない藩王国の数が少くないのに驚かされる。印度の独立などと一口に言つても印度の住民は三億七千万人、多種多様の人種と融和困難な各種の宗教が混在し、国土の面積は欧州大陸にも匹敵すべく、藩王国の一つ〳〵は欧州なら夫々立派な一国たるものである。欧州の諸国を一つに纏めて、一国を作らねばならぬなどと説けば狂人と笑はれるであらうのに、地理的にも、人種的にも、更に又宗教的にも一つに纏まるとも思へぬ印度に、此れに類した考へ方が行はれて居るのはどうしたことであらう。

心憎いまでに完備した英領内の道路に比較して、カシミール国内の道路はまた何んと貧弱なことであらう。車の速度も半分に落ちる。河の左岸を、山の裾を縫ひながら道は再び上りとなる。進むこと約二十一マイル、日はトップリと暮れてドウメルの町に入り、河岸のダックバンガローに一夜の夢を結ぶ。

印度では欧風のホテルを経営するには旅客が少いが、其の交通量が相当ある処には州政府、藩王国政府、鉄道会社等の経営になる簡易な旅舎が置かれてゐる。之れをダックバンガローと呼ぶ。土間に寝台を置き一二脚の椅子とテーブルがあるだけで、寝具は一切旅行者が持参しなければならない。お客の注文があれば簡単な食事とお茶位は出して呉れる。印度から中央亜細亜にかけての旅には寝具はなくてはならぬ手廻り品である。

翌朝八時半食事費共十一ルピー（日本金十五円位）の宿料を払つて宿舎を出発ドウメル税関でカシミール国政府の簡単な税関検査と旅券査証を受け、入国税七ルピー半を支払つて車を進める。河の両岸、道路の左右に漸く樹が多くなる。野生の柘榴《ざくろ》、棗《なつめ》も目につく、柘榴は今花盛りである。

道は或る時は両側に迫る山に狭められてカシミール河と重なる様に走り、或る時は指呼の間に見える町へ行くのに深い罅溝《かこう》に阻ばまれて二マイルも迂廻する。豆や玉蜀黍《とうもろこし》や稲を植付けた猫額大の耕地もある時は道と川の間に、又或る時は道と山との間に現れて来る。土地も漸く高さを増して海抜三千尺、松の植林も美しい。四千四百尺のウリーの町附近から松は次第に減少し、ヒマラヤシーダーが多くなる。カシミール河利用の材木流しの設備も点々見受けられる。河には無数の流木が河面を覆ふ程に浮いて居る。カシミールは材木王国でもあるらしい。

此の附近からカシミール河の流域は次第に開け、十町歩、二十町歩に亘る耕地も見られる様になる。果樹、水稲の作られて居る処が多い。カシミール国の入口から約八十マイルの地ラムプールで耕作地帯の標高は略《ほぼ》最高となり、五千三百尺に達した。此処で道はカシミール河と別れてスリナガール盆地に入る。盆地の高度は五千二百尺前後、広漠たる平原で対辺の山麓まで六十マイルを下らないであらう。車は高いポプラや鈴懸《すずかけ》の坦々たる並木道をまつしぐらに走る。稲田から漂ふ土の香、田圃の中に見られる藁鳰《わらにほ》、お社造りの家、道行く人の姿、顔貌、日本の田舎を行くのと少しも変らぬ風景だ。盆地の入口から五十マイル、道の再びカシミール河と合する処でカシミール藩王国の首府スリナガールに着く。

水美しきスリナガール

スリナガールは周回二十マイルを越す水美しいダル湖の辺、カシミール河の発する処に在る大都会で、湖水と河とを連《つな》ぐ幾筋かの水路は市中を流れて街の重要交通路となり、商店の入口を水辺に導いて東洋のベニスと称せられる。町の交通機関は此の水路に浮ぶ軽舟シカラーである。河辺、湖畔、果ては湖水の中にも数百のホテル船が浮べられて、ペシヤワール、ラワルピン

湖上にて。

ディ、ラホールからの避暑客を収容する。ホテル船は一夜歓楽の赤い灯をも点すらしい。実に水の都スリナガールである。

九月二十三日盆地外輪山の頂にはもう雪が見られ、水の上に寝るには少し寒過ぎるのでホテルに投宿する。着物を着替へる暇もなく、案内もしよう、小走使もしよう、一日一ルピーで良いから雇つて呉れと二十四、五歳位の男が室に入つて来た。差出した証明書の中に昨年カブールから来たと云ふ日本人の書いた日本文のものが見付かつた。こんな処で日本文字を見ようとは夢にも思はなかつたので懐しさの余り切詰めなければならない財布のことも忘れて雇ふことに定める。

ダル湖の清い水は、千古斧を入れない森や雪を頂く山の姿を湖底に沈めて、神の厳しさを思はしめ、湖面に美しく咲き乱れる鬼蓮《おにばす》、姫睡蓮《ひめすゐれん》の花は人生の春を感ぜしめる。スリナガール、ダル湖の自然はそのまゝ詩である。そこに美術のなかろう筈はない。ダル湖の水草を模して、額に、屏風に、壁掛けに、着物に、テーブル掛けに、敷物に美しく施された刺繍は、異国趣味的魅力とばかりは言へない風格を見せて居る。其の構想には東洋人らしい美しい夢をも描いて居る。パピーエー・マッシェー（一閑張細工）の漆絵は古代ペルシャ美術の模倣らしいがカシミールの香と色を充分に生かして居る。

シカラーを河の本流に浮べれば、美術品や日本にカシミヤとして知られて居る毛織物や宝石等を商ふ店を訪ひつゝ、夕陽にまぶしく輝く黄金の藩王城下を過ぎる。

カシミール国の住民は七割迄回教徒であるのに、現カシミール藩王（マハラージャ）はヒンドゥ教徒である。これは回教の常識から考へると可笑しなことだが、印度の王国は藩王の私有財産の様なもので、土地も住民も一まとめに売買される。従って住民の大部分が回教徒であっても、其の国を買ふだけの財産と力を有する回教徒が居なければ、ヒンドゥ教徒に買ひ取られて、その人を藩王と仰ぐより外ないのである。

やがて日も落ちて、富と権力に充てる王城も、今宵のパンにこと欠く賤が家も一色の暗《やみ》に塗り込まれるとき、星明りを頼りに繫留場へ漕ぎ急ぐシカラーの客は何に思ひ入るであらう。人類興亡の悲しき歴史か、世界の宝庫印度の富か、彼所此所にピシャリ〳〵と水打つ櫂の音のみが暗にこだまする。

今日は快晴、昨日雇ひ入れた男グハラーに命じて、シカラーを用意させ、ホテルの作つて呉れた弁当を提げてダル湖廻遊を試みる。午前九時出発、重なり合ふホテル船の間を抜け、ダル湖とカシミール河を境ひする大水門を潜つて吾がシカラーは漕ぎ進む。

市内の水路では普通二人の漕手が遠出の故に四人乗り組み、掛声も勇ましく威勢が良い。湖岸にはドロ柳、ポプラ、鈴懸の木が水面も暗いまでに生ひ繁つて居る。両岸には水路に直角に櫛の歯の様に奥行百米位の引込み水路が造られ、こゝに無数のホテル船が繋留されて居る。避暑客の残留者も尚相当あるらしい。水門を潜つた処辺から観光客相手の刺繍物、カシミール毛織物等を商ふシカラーが断つても断つても附き纏つて来る。遂には船の舳先を結び合せて此方の船に乗り移り、商品を拡げ出す。水門からダル湖の中まで狭い水路を遡行すること約一時間、その間の無聊を慰めるには持つて来いである。結局何か買はされるとは知りながら、手芸品にこと寄せてカシミール、スリナガールの歴史物語を聞き出すことも出来る。ホテル船の繋留場もなくなる頃、商人舟は漸くもあいを解いて帰つて行く。櫂の音に冴がない。物語だけしか買はなかつたと、さぞ託《かこ》つたことであらう。

湖上に出ると展望一度に開け、水も美しく澄み切つて、五尺十尺の湖底まで透き通つて見える。湖心にはノビルに似た藻草が多く、湖岸には金魚藻、菱藻等が多い。姫睡蓮、鬼蓮は湖北岸を埋めてゐる。水中には長さ二尺位の黒斑を持つた魚が藻草の間を静かに泳いで居る。魚舟も此処彼処に浮ぶ。漁りの一日だけでもスリナガールに遊ぶ価値は充分にある。湖中に直径五十米位の小島あり。四五本の濶葉樹と灌木が繁つて居る。中央に小高く円形の芝生あり、其の昔或るモハラージヤが此処に美姫を舞はしめ酒杯に国を傾けたと語り伝へられて居る。湖面対岸に渡れば、古き回教寺院、ヒンドゥ寺院、其の他史蹟多くりんご、梨も良く培はれて、その甘味は舟遊びの疲れを医するに足る。九月である今此処では枇杷《びは》の花盛りであるのも珍しい。植物、動物等自然の探究に、はたまた歴史の研究にダル湖一日の清遊は興味のつきざるものがある。日没する頃舟首を廻らし水面に跳ねる水魚に興じながらホテルに帰る。

夕方より気温急激に下つて、外套が欲しくなる。

三日目の朝七時半、僅か二日間の短い滞在ではあつたけれども、脳裏に深く印象づけられたスリナガールを後に、ラワルピンディに向つて帰途に就く。

今朝は雲低く垂れて陽差しも薄く、盆地を囲む外輪山は昨夜のうちに雪の裾を山の中腹まで下げて居つた。

縁《えにし》深きアフガニスタン——あとがきに代えて

その年の十二月は父が亡くなって十七年目に当たるので、有縁の方々を招いて法要を行う心積りをしていた。そんな矢先ニューヨークでテロ事件が起った。テロ組織アルカイダ掃討のためアフガニスタンへ武力行使が始り悲惨な状況になったのは記憶に新しいことである。タリバン政権が崩壊し国際協調の下、今は復興の途についたが曾てはソ連侵攻と内戦で長きに亘り国土は荒れるにまかせていた。あの有名なバーミヤン遺跡も破壊されるなど貴重な文化財が数多く消失したであろう。野は緑が消え衣食住を失った難民が満ち溢れ殺伐とした光景がテレビに写し出されていた。この一連の動きが我家に大きなハプニングをもたらしたのである。

一九三五年（昭和十年）農林省の役人だった父、三雄は妻鈴子を伴ってアフガニスタンへ渡った。農林省の命により同国で農業技術指導を行うためである。父三十三歳母二十六歳の時であった。予定されていた人に替り急な派遣であったらしく準備もそこそこの出立であったようである。

二人にとってアフガニスタンは幻の地であったであろう。親兄弟と水盃の別れをして故郷を離れたそうである。四十数日の旅程を経て同国に至り苦難の道が始ったのである。

当時、日本からアフガニスタン政府の要請を受けて、植林、灌がい土木、果樹蔬菜栽培などの農業関係技術者が三名三年の任期で農業普及の指導を行っていたようである。父はこの三年間同国各地を廻り与えられた任務に就き、その時、業務日記とも言える記録と各地で撮った沢山の写真を残した。これらの資料はアフガン帰朝報告に使用されたようで「現代アフガニスタンの構成」「アフガニスタンを語る」「アフガニスタンの農業事情」などの報告書を著し写真は展示されたらしく画鋲の跡が残っている。当時東京に住居していたが幸いにも戦争の空襲を逃れ消失せずに残っていた。

また二人が遠く離れた故郷の両親に出した手紙が前々代が使っていた物入れの中に残っていた。父は生前、未整理の資料が沢山あるから何時か整理して欲しいと言っていた。私達夫婦が両親の晩年を見守るため東京での職を辞し当地真尾《まなお》に引揚げて来て両親と生活を共にしたのは数年余であった。その間アフガンで撮った写真があるとは耳にしていたが、それを見ることもなく半ば忘れられたような状況で今日に至った。

二〇〇一年九月のニューヨークの大事件をきっかけとして眠っていた記録が六十余年を経て陽の目を見ることになった。平和で、のどかで、緑あふれる自然、そこに穏やかに生きる住民の姿が写しだされた写真は荒廃した現在のアフガニスタンとは、かけ離れた風景である。この写真を多くの人に観てもらい戦争の無残さ、アフガン復興に関心を持ってもらいたいと思った。それを父も喜んで呉れるだろう。むしろ父はそれを求めていたのではないか。時を同じくしたこの大事件と父の十七回忌は私達にとって大変考えさせられる出来事であった。菩提寺のご住職も御縁ですねと仰った。初めに地区公民館の文化祭に出展し新聞紙上で取り上げられた。有志の方のお助けでその後各所で展示の機会を得、その中で石風社代表福元満治氏との出会があった。同氏の写真集として世に残し公開したいという熱き思いが出版となったのである。

この写真集にはアフガンから両親に宛てた手紙と父が業務で行ったジャララバード、カンダハルの記録も併せて取入れ写真の裏面を想像できるものになった。しかし父の記録には悩み多き日々が綴られている。アフガン農業貢献への使命感と現実とのジレンマに翻弄される情景である。彼我の国情、生活習慣、民度の違いに悩まされたであろうと想像できるし、若き日の正義感と潔癖感、生来の勤勉家であってみれば受け入れ難い世界があったように思う。このような記録を公けにするのに、いささかの逡巡もあったが悩み苦しみつつもアフガンの為に献身した男の姿を分って頂けると思い取入れを納得した。三年間の任期を終え国境の町ペシャワールにたどり着いた時、父は「どうしてこんな気持になるのであろう。犬に追い掛けられた幼児が母の腕に抱かれてもう何事もなかったかのようにスヤスヤと眠るあの安堵にも似た気持ちである」と語っているが、この言葉が全てを言い表しているように思うのである。

農林省を退官した後、十二年間山口農事試験場長を勤め昭和三十六年その職も退き自家農業に専念し昭和六十年十二月八十三歳で亡くなった。父は農業専門家として戦前戦後の食糧増産時代に存分に力を振う機会を得て恵まれた生涯を過ごしたと思う。今の米作の現状を見るにつけ尚更にそう思う。

当地真尾に戻ってからは好きな百姓に励んだ。ぶどう、メロン、苺などを栽培した。家敷の裏にぶどう畑があり収穫期には雇人を入れて販売もする程だった。その時のぶどうの木が今も一本残っていて毎年実をつけている。苺栽培には特に力を入れた。稲作に比べ比較にならない程の収益力があり農家の現金収入として魅力ある作物であった。各地の産地を訪ね当地に適した栽培方法を導入し県内各地で普及活動に努め当地小野地区（昔は小野村真尾）が「山口いちご」発祥の地となった。当家でも三棟の苺ハウスがあり私達もよく手伝ったものである。苗作りから収穫まで手間の掛る作物であるが女性や年寄り向きの仕事である。農業収入を高め、自立できる農家作りを目指していろいろと模索したのである。

父は机上の理論とともに現場で自ら実践した。非常に几帳面な人だった。畑の畝作りではメジャーで寸法をとり石灰で白線を引きそこを掘って畝たてをした。でき上った畝は見事なものだったが時間と労力が掛った。全てがこの調子で手抜きが無いのである。几帳面で勤勉で何よりも努力家であった。だが進取の気も強く新しいものを取入れ改良を加えるのもおこたらなかった。農業資材は最新のものが揃っており農機具商の良いお客さんだった。晩年になってもＮＨＫラジオ講座で英語ドイツ語を学び通信添削を送っていた。家計簿をつけ日記を書いて一日が終るという生活だった。こう書くと息抜きもできない日常のように見えるが仕事の合間のティータイムを楽しむなどメリハリのある生活である。若い頃楽しんだのか沢山のクラシックレコードやヴァイオリンが残っている。

母は根っからのお嬢様育ちだったようである。高等女学校を出てから家で過ごし一九二七年十八歳の時父と結婚した。本省勤めの夫と東京暮らしであった。前述の通り家計簿をつける父ゆえ、おそらく母は夫唱婦随であったろう。子供がなかったため子育ての苦労もなく穏やかな日常であったのではなかろうか。邪心の無い子供のような振舞が晩年にも見られた。風呂が好きで夕方は早い時間から風呂焚きをせかされたものである。父が亡くなって五年後に八十一歳で他界したが、妹の子を養女にしていたから心安らかな老後を送ったと思う。

父所蔵の専門書、農林省、山口農試時代の諸資料、アフガニスタン中東関係の資料と著書などが倉庫に積んである。何十年も前に荒縄でしばったものが雑多になって山のように重なっていた。ほこりとネズミの糞にまみれ、足の踏場もない状況だった。写真の反響で訪問者があり急ぎ分類整理したが私どもにとって、どうしたら良いか判断できない資料である。専門家の方には貴重な資料かもしれない。このまま又眠ってしまうのだろうか。せめてアフガン関係のものは同国の為に役立てたいと思うのである。報道機関の取材を受けテレビや新聞紙面に自分の顔が載るなど思ってもみない経験をし今また初めて原稿なるものを書いている。これも両親が残した遺産の賜物である。

当時アフガニスタンから持ち帰ったザクロの苗木が一昨年の秋初めて実をつけ昨年も実った。それまで開花はするが結実しなかった。一昨年はニューヨークテロ事件の年であり私達にアフガニスタンのことを思い出させた年である。不思議なことである。我家にとってアフガニスタンは何時までも語り継がれる国なのである。

二〇〇三年四月

尾崎幸宣

尾崎昭子

尾崎三雄、鈴子略年譜

尾崎三雄（おさき・みつお）

一九〇二年（明治35）山口市黒川（旧吉敷郡平川村大字黒川）の徳光家に生れる。
一九二三年（大正12）四月二十日　東京帝国大学農学部農学実科卒業
〃　五月一日　農商務省農業練習生
〃　十月十一日　農商務省雇
〃　十二月二十八日　農商務省嘱託及植物検査所嘱託
一九二七年（昭和2）五月三十一日　山口市平川徳光家から尾崎家へ養子
〃　七月三十日　農林技手
一九三五年（昭和10）八月二十三日　農林技師
一九三五年（昭和10）九月七日
〜
一九三八年（昭和13）九月六日　アフガニスタン国農商務省技師
一九三八年（昭和13）九月十九日
〜
一九三九年（昭和14年）二月七日　西南アジア、近東、欧州、アメリカ視察旅行
一九四一年（昭和16）七月十二日　海軍省嘱託、海南島へ出張、農業調査
一九四三年（昭和18）十二月三十日
〜
一九四五年（昭和20年）十月二十六日　陸軍技師、

兵担総監部附、主として南方戦地における食糧自給対策及指導

一九四五年（昭和20）十月二十六日　専任農林技師

一九四六年（昭和21）三月二十五日　依願免農林技師

一九四六年（昭和21）三月二十六日
〜
一九四九年（昭和24年）六月末　農業自営

一九四九年（昭和24）六月
〜
一九六一年（昭和36年）六月　山口農業試験場長。以後、再び農業自営

一九八五年（昭和60）十二月　死去。享年八十三歳

尾崎鈴子（おさき・すずこ）

一九〇八年（明治41）防府市真尾《まなお》の尾崎家に生れる。防府高等女学校卒業。一九二七年（昭和2）、三雄と結婚。一九九〇年（平成2）死去。享年八十一歳

日本人が見た
'30年代のアフガン

二〇〇三年八月三十一日　初版第一刷発行

著　者　尾　崎　三　雄
発行者　福　元　満　治
発行所　石　風　社
福岡市中央区渡辺通二丁目三番二四号〒810-0004
電話　〇九二（七一四）四八三八
ファクス　〇九二（七二五）三四四〇

印　刷　九州電算株式会社
製　本　篠原製本株式会社